THE SERVANT

僕人 I

修道院的領導啟示錄

詹姆士・杭特 *James C. Hunter* 著 張沛文 譯

A Simple Story About
the True Essence of Leadership

推薦序

好人萬歲！

袁瓊瓊

我看完這本書後的第一個感想是：「傑克這真是太神奇了！」之後，我馬上更衣、沐浴，決定要早起，要減肥，要運動，要垃圾分類，要注重環境，要過儉樸生活。再也不拖稿，再也不欠錢，對家人朋友要和顏悅色，售貨員找多了零錢一定要還他。計程車司機載我在路上兜圈子也要原諒他……簡言之，我決定開始做個好人。

而且，我還決定，一定要去買它個十幾二十本來送給我身邊的每一個人。在我還來不及去書店蒐購這本書之前，因為太感動的緣故，我把密密麻麻畫了線、摺了角，並且許多頁面上還遺留我感動得涕淚的這本書，先送給我們家的「領導人」看。而天縱英明的領導人略翻五、六頁，便很睿智地說：「這有什麼稀奇？這些事我早就知道了。」

這使我開始從另一個角度來省思這本書，我是否對這本書太崇拜了？我是否太容易被說服？我是否太愚蠢、太單純、太沒主見、看的東西太少，閱歷不夠，要不然，為什麼這樣一本充滿老生常談的書，居然會把我感動成這樣！

本書有個簡單到不成故事的故事。男主角多年來常常在做一個惡夢，當他在夢裡陷入危境時，總有個老人會出現，大聲喝斥他：「去找西面！去接受他的教誨！」另外，「西面」這個名字還不只出現在夢裡，約翰凡遇到人生的關鍵時刻，都會碰到跟「西面」這個名字有關的事。最近幾年，約翰在事業和生活上都遇到了危機，於是他決定找個地方去「靜思」一下。他去了一家修道院，而他的靈修導師，正是「西面」修士。

全書在這裡從靈異故事轉成了勵志課程。

在修道院的這一週中，西面修士每天會開導與會者一個關於「領導管理」的觀念。七天傳授了七種觀念，最後所有人都像我一樣涕泗橫流，覺得心靈被滌清了，開始決心從此要做一個好人。

書名《僕人：修道院的領導啟示錄》的意義是從西面修士的一個觀念來的。他認為：最偉大的領導其實便是侍奉、犧牲和給予。如果能像僕人一樣全心伺候「被領導者」（在職場是員工，在家庭是配偶和子女），關心他們所需要的，解決他們的困難，竭力達成他們的要求，這種「服務式的領導」，其實最有效率。

書裡闡述的道理，很特別的是，竟跟中國的古老世俗智慧相通。類如西面修士非常注重人際關係和諧，他認為與身邊的人保持良好關係，做事能事半功倍。老祖宗常說的「做人」，其實也就是這麼回事。「做人」做不好，其實也就很難把事情做得好。另外他重新定義了基督教義裡，耶穌所說的「愛」。耶穌那句「要愛你的敵人」，多年來被當做這個老邁宗教食古不化的代表。但是西面修士說，《新約聖經》當年是以希臘文寫的，經書裡所指的「愛」是動詞，不是感覺情緒，而是指行為。所以「愛你的敵人」，真正的意義是：「要用合理的行為去對待你的敵人。」這其實就是教養。人的教養不是顯現在別人如何對待他，而是顯現在他如何對待別人。我們不必強迫自己對不喜歡的人產生愛意，但是，我們至少可以持平，有教養地對待他。

另外對「寬恕」，西面的說法也很好：「寬恕不是假裝沒有人對不起你，也不是對問題視若無睹。」寬恕是像孔夫子說的「以直報怨」，該恨就恨，該罰就罰，但事情完了，就要讓它過去，不要把怨恨存在心裡。

這是一本講企業管理的書，但是我越看越覺得它所說的觸及了普遍的人性，所有的領導法則，不僅適用於職場、適用於家庭、適用於社會，也適用於個人。這套「僕人」法則，可以用來帶領部屬，用來跟家人朋友溝通，用來與陌生人相處，用來談戀愛，用來改善婚姻關係，還可以用來改造自己，簡直，簡直……無孔不入。大約人一輩子有這樣一本書就夠了。如果真能把書裡面教的事都學會做到，不敢說能有什麼了不起的成就，身心平衡愉快，不害人不害己大概是可以保證的。

我是看日曆上的每日一句都會想立志的人，所以這本書這麼樣感動我，可能只是「體質」的關係。《僕人：修道院的領導啟示錄》給了我樂觀的想像，相信在這個世界上，侍奉、犧牲和給予，就可以解決一切。光是看到西面修士對於一切難題都有答案，就令人欣喜若狂。至於「九一一」事件，為什麼布希不能用「僕人」法則來解決問題，我也樂觀地相信：作者的下一本書一定可以告訴我們答案。

（本文作者為知名作家）

領導真諦

溫肇東

市面上需要另一本有關領導的書嗎？雖然我不是教領導的，但我書架上至少有二十本，亞馬遜網路則有二百六十多萬本。中外公司每年領導訓練課程費用高達一百五十億，表示這方面需求很旺盛，每年都有新的幹部被賦予領導的任務，領導是與生俱來的嗎？似乎不是；許多已在領導的人也沒能做好領導的工作，因此他們也需要學習。另外，是否有可能目前有關領導的產品或服務，數量雖很多，但品質不夠好？

《僕人：修道院的領導啟示錄》以及《僕人修練與實踐》這兩本倡導「僕人式領導」（**Servant Leadership**）的書確實不一樣，在亞馬遜網站上讀者評論分別獲得五顆星與四顆半，這是很難得的。作者詹姆士・杭特分別以故事及論說的方式，讓你對「領導」有全然一新的看法與做法。「僕人式領導」倡導為別人服務、為別人奉獻，是領導的開始。書上這麼說，大多數離職者並不是真的想離開公司，而是想放棄他們的主管，領導不好的老闊。

作者一開始對領導定義，就說它是一種「技能」，技能的學習和知識的學習是不同的，不是看書或上課就學得會。你還記得你以前有關「技能」的課，都是怎麼學的嗎？你如何學會游泳、騎腳踏車或打字，基本上用「身體」去學的東西，熟能生巧，學會了就一輩子會；相反的，用腦袋去學，如物理、化學、數學，後來沒用到，大部分人早就忘光光，還給老師了。

大家都知道哈佛商學院是不用教科書的，以研讀、討論個案為主，連「領導」的課也是用個案教。我記得嬌生公司的頭痛藥被千面人下毒的危機處理事件就是領導的個案之一。但二〇〇五年到哈佛接受「個案教學」的課程前，他們曾寄來兩本「書」，其中一本是《判斷的教育》（*Education for Judgment: The Artistry of Discussion Leadership*）。「判斷」是一個領導者最重要的工作之一，因領導者要決定（Make Decision）組織該做的事（why & what）。

作者認為領導和管理無關。管理是計畫、預算、問題解決、控管、維持組織運作。管理是日常的行為，而領導則和本身的「性格」有關，性格會影響你的決策與選擇，書中提到「唯有當做出正確的事情所必須付出的代價大於我們願意付出的程度時，才能突顯出性格的真正所在」。

作者也說性格其實就是每一個人習慣的總和。想要成為一位以「僕人精神」為本質的領導人，必須具備極強的動機、舉一反三的能力，以及經常的練習，最重要的是有意願及動機想要改變自己、追求成長。「舉一反三」是一種反思（reflection）的能力。凡事都要養成意會（Sense-Making）的習慣，只有將自己的學習經驗、知識及體會融入每天的生活中，潛移默化，你才有可能成為一個成功的領導人。

而領導最重要的是激勵別人，讓他們把事情做好。領導可以影響人們願意，甚至是熱誠地奉獻自己的心力、創造力，以及其他可能影響到彼此之間共同目標的資源，領導就是要讓人們願意對團體的使命具有責任感。慈濟在這方面做得很不錯，每項活動都可動員那麼多的志工，尤其在災難、救急的現場都可在第一時間趕到，有條不紊，很愉快法喜地完成任務，還要感恩對方給他們這個機會成長。對領導人終極的測試是，當你的部屬離開你部門之後的表現，會比他還沒有加入你的部門之前表現得更好嗎？

在政大EMBA領導與團隊的課程，每年都會要同學提出領導的「典範」，從過去大家熟悉的施振榮、張忠謀、史蒂夫・賈伯斯，到孫運璿、慈濟、尤努斯。我們曾討論到周杰倫是不是領導的典範？他是當代華人原創歌曲、流行文化極有影響力的少數人，他唱〈青花瓷〉這首歌的詞都被納入了大陸考題。在文創方面的領導人和在科技業有些不一樣，他不一定有組織，有組織也不一定很大，像雲門、表演工作坊，但他們的影響力、感染力都無遠弗屆。

書中特別區分威權（power）和威信（authority）的差異，多數傳統的領導角色都以威權為主，只有少數領導人會在威權的領導風格之外建立一些威信，藉由這樣的組合，得到眾人的信任。威權是買賣，能夠買賣的東西，能夠得到也會失去；而威信是一種技能，讓你運用個人影響力，讓別人心甘情願地照著你的意願行事。這是我們在學理上稱交易型（transaction）領導和轉型（transformation）領導的另一種說法，這兩種領導的方式若能適當地交互運用、組合，可以發揮領導的功能。

作者有兩個章節特別提到「愛」，愛是推己及人，找尋出別人的需求；同時，也為了滿足別人所需而努力，這就是僕人的意義，以及這兩本書以「僕人」做為題目的真諦。作者引了《聖經》〈哥林多前書〉第十三章「愛的箴言」中，愛的「八大特質」包括：愛是忍耐、恩慈、謙卑、尊重、無私、寬恕、誠實、守信（後六個從原詩句中的否定改為肯定說法），這些道理和我很敬重的日本「經營之聖」稻盛和夫的言行十分接近，他除了創立京瓷（Kyocera）、第二電電公社（KDDI）、「盛和塾」等之外，在退休修行多年後，又以七十八歲高齡出山，承接了挽救「日本航空」的歷史重任。他就是「勇於承擔」這項領導人特質的典範。稻盛和夫在《人生的王道》所提出的道理，以及他從創業以來的領導風格，和僕人式領導十分接近。

在最前面我們提到，領導是一項技能，不是用看書就可以學到的，作者覺得人必須下定決心改變習慣，從「無知無覺、尚未學習」、「已知已覺、正在學習」、「已知已覺、已經學會」，到「不知不覺、運用自如」。雖說「技能」會越用越純熟、舉一反三、觸類旁通，但知行合一在實務上很困難，這也是為什麼放眼望去，我們相當缺好的領導人。多年前，在一次領導人的座談會中，張忠謀說在台積電，足以勝任領導人的數目不出一個手掌；當時同席的施振榮說在泛宏碁集團內，可以獨當一面的領導人超過一千人（群龍計畫），這十足反應了二位對組織、領導及人才的看法與做法。我比較贊成在大小、組織不同的位階，我們都需要適合其所的領導人。

在美國的北達科他州（North Dakota）羅斯摩爾山（Mount Rushmore）有四位總統的雕像（華盛頓、傑佛遜、林肯及羅斯福），美國歷屆有那麼多總統，為什麼是這四位？因為這四位影響力最大，在他們領導的期間，做了一些對美國整個國家及美國人影響最大的事情。在哈佛寄來的另一本書《記得你是誰》，其中有一篇寫到為我們授課的一位老師，在這四座雕像下，被他女兒問到，你影響過什麼人？從此他很注意自己到底是否影響了上過他的課的同學。其實能上哈佛的不是現在就是未來的領導人，在每一堂課的互動，是否能影響他們變成一個較佳的領導人，對企業、國家、社會都很重要。

最後，以這個故事和本書的讀者共勉，讓我們在不同崗位上，發揮我們各自的影響力。

（本文作者為創河塾塾長、政治大學科技管理與智慧財產研究所兼任教授）

導讀

追尋真理

陳定川

《僕人：修道院的領導啟示錄》與《僕人修練與實踐》二書，作者為著名企管顧問專家詹姆士·杭特，他致力於僕人式領導的研究與企業研習，在繼《僕人：修道院的領導啟示錄》（第一集）之後，將僕人式領導以更深入的體驗與看法，撰寫出《僕人修練與實踐》（第二集），就「領導」、「威權與威信」、「愛與領導」、「人性與性格」、「改變與實踐」，完整闡述僕人式領導的精義以及如何實際踐履。

《僕人I》以虛擬故事敘述一位全球知名企業總裁約翰，爬到個人事業頂峰，外表看來生活富裕美滿，然而實際上事業與家庭卻暗藏危機與掙扎。睿智的妻子鼓勵他暫時拋開一切，去參加密西根湖畔一所修道院為期一週七天的領導課程。本梯次學員共六位，三位男士：教會牧師、陸軍軍官和企業總經理約翰；三位女士：公立學校校長、醫院護理長與籃球隊教練。接著，由講師西面修士與六位學員之間的問答互動，展開本書所要傳達的重要觀念：威權與威信、欲望與需求、愛的真義等等。這些觀念都是領導者實際上經常面對的難題，透過參加學員不同的看法來釐清這些觀念，並帶出「愛」與「僕人」兩個議題。經過七天真理的洗滌與省思，約翰對人生有了全新的領悟與動力。

在讀完《僕人I》之後，我很感動，也很想有機會到密西根湖畔那所修道院上課，但這是一個虛擬的故事情節，所幸作者撰寫了《僕人II》，將有關管理與領導的實務做法，做進一步的闡釋，其中正確積極的觀念和思想，影響我們一生的成敗，也決定我們一生的人際關係，這兩本書都是值得精讀、反覆思考的好書。下面列舉特別值得細細咀嚼的內容：

一、西面修士的高貴靈性

《僕人I》描繪長者講師西面修士的高貴靈性與品格：「他渾身散發著無人能及的靈性智慧，不過並不帶有宗教色彩，他的品格脫俗高潔，世上無人能及，他整個人充滿喜樂。他的體能狀況很好，臉色紅潤，一雙炯炯有神的眼睛，清澈得像海一樣藍，彷彿可以洞悉人心，卻又洋溢著無限關懷。他晶亮的雙眼和全身散發出來的靈性和風采，卻又十足像個天真的孩童……。」這是多麼令人羨慕的人生最高境界。前述描繪的西面修士和我年輕時在教會遇到的一位長者很相似，令我景仰，成為我努力追求的人生目標。

二、威權與威信

書中在解釋威權（power）與威信（authority）之間的差異，引述小孩為什麼會有叛逆行為，是因為父親以威權來教養自己的小孩。「威權對關係的破壞可大了，行使威權或許可保一時的風平浪靜，甚至還可以達成目標，但是日積月累之後，關係也就破壞殆盡。青少年在青春期發生的叛逆行為，若類比員工的騷亂，不也是一種叛逆與發洩嗎？」這也是在現實社會中常看到的現象，以為有了權力，就有了一切，強迫他人照著自已的決心行事，而非讓他人心甘情願地照著自己的決心行事。如果讀完這兩本書之後，心態有所改變，一定能改善人際關係。

三、欲望與需要

領導人必須找出並滿足部屬的基本需要（need），但不是滿足部屬的所有欲望

（want）。我經營的永光化學，標榜的企業文化為：「正派經營、愛心管理」。過去，員工部屬經常提出各種要求，如拒絕他們，就被扣上「沒愛心」的大帽子，帶來不少困擾。其實，若釐清他們的要求，究竟屬於需要或欲望，大多數問題都可迎刃而解。「工廠裡的員工老是要求加薪，要是照辦，加到一小時二十美元，因無法競爭，工廠一定不久就關門大吉。到頭來，或許滿足員工的欲望加了薪，但卻無法滿足他們的真正需求——穩定的工作。」在家庭關係上也是如此，做父親的身為家庭領導者，必須滿足孩子的基本需求，但可以適度拒絕他們無窮的欲望。因此，區分辨別需要與欲望，是一個很重要的課題。

四、愛的真義

愛是動詞，而非名詞；它指的是愛的行動，而非愛的感覺。「愛」是這兩本書所要闡述的核心議題，也是基督教的核心價值。希臘文用好幾個不同的字眼來表達「愛」，用以區別各種層次的愛：有神與人之間的愛（apagé）、兩性之間的愛（eros）、家人親情之間的愛（storgé）、手足同胞的愛（philos），以及無條件的愛（agapé）。《新約聖經》對「agapé」這種無條件的愛，提出非常優美的解釋，在《聖經》〈哥林多前書〉第十三章：「愛是恆久忍耐，又有恩慈；愛是不嫉妒；愛是不自誇，不張狂，不做害羞的事，不求自己的益處，不輕易發怒，不計算人的惡，不喜歡不義，只喜歡真理；凡事包容，凡事相信，凡事盼望，凡事忍耐。愛是永不止息。」這段經文被譜成歌曲〈愛的真諦〉，常用在婚禮上對新婚夫妻祝福，也深受一般人喜愛。西面修士根據這篇經文，將愛再進一步闡釋歸納為「忍耐、恩慈、謙卑、尊重、無私、寬恕、誠實、守信」，其實就是威信領導所需的特質。每一項特質都是行為而非感覺，其豐富的含意，遠超過一般對愛的狹隘解釋，引導我們用更寬廣的角度和層面去探討「愛」、「領導」與「人生」。

五、信仰問題

在《僕人I》中，作者透過故事的敘述方式，逐漸引導我們進入思考人生最重要的信仰問題。從西面修士與企業家總裁約翰的對談中，把每個人信仰的問題提出來，包括你和我都會有的疑問。約翰說自己沒有宗教慧根，西面回答：「每個人都有信仰，我們或多或少都抱持著某種信念。對於因果、自然、宇宙的目的，信仰就像是一張地圖，它是一套模式，或是一些信念，用來回答最為複雜難懂的存在問題。」「我們必須自己決定應該怎麼看待這些信念，我們都得自己面對信仰，就像我們都只能自己面對死亡一般。」約翰又問：「可是西面，你怎麼會知道自己應該相信什麼？你又怎麼知道什麼才是真理？」「若是你一心追尋真理，你會找到答案。」藉這樣的問與答，提供我們思考，也提出具體的答案：有心追求就可找到答案。作者不只是對企業管理有權威專業，對信仰能如此深入淺出闡述，展現他對信仰有認真深入的思考與研究。

《僕人II》的最末有四個附錄，其中「領導技能清單」、「SMART行動計畫」是本書最重要的部分，讀者可自我評量並由主管、部屬、平行同事評鑑，再化為具體的行動計畫。書中的內容對每位讀者在觀念認知上有極大的幫助。然而更重要的是，行動與改變。如同游泳，沒有人可以藉著閱讀書籍與影片就能學會游泳，領導也是一種需要學習、發展且持續改善的技能。

《僕人I》及《僕人II》能幫助我們建立正面積極的思想和觀念，是值得大家精讀的兩本好書。最後，願大家都開始練習愛的行為，願意為他人犧牲奉獻，成為卓越的領導人；並且祝大家用心追尋真理，讓真理引導你們走向光明幸福的人生道路，到年老時像西面修士具有脫俗高尚的品格特質，享受完美人生。

（本文作者為永光集團創辦人暨榮譽董事長）

The Servant

A Simple Story About the True Essence of Leadership

目錄

推薦序　好人萬歲　袁瓊瓊　002

推薦序　領導真諦　溫肇東　006

導讀　追尋真理　陳定川　012

序曲　022

第1天　重新定義　037

第2天　打破成規　071

第3天 領導表率 099
第4天 愛是動詞 123
第5天 環境配合 163
第6天 選擇在你 187
第7天 回饋多多 213
終曲 232

我的理念並非自創，其實是來自於蘇格拉底的哲理、崔斯特菲爾德（Chesterfield）的道德學說及耶穌基督無上的真理。如果你覺得這些真理尚不夠完善，試問還有哪些真理呢？

——戴爾・卡內基（Dale Carnegie，卡內基訓練創辦人）

現在回想起來，當時的確沒人強迫，是我自己要去修道院參加領導課程的。事事難以預料，不是嗎？說起來我可是一家大製造廠的總經理，竟然會放下纏身公務，跑到北密西根州的一所修道院，花上整整一個星期的時間，乖乖地聽課學習。而且還得和一屋子僧侶，每天五次定時禮拜，一起唱讚美詩、禱告、領受聖餐，過著規律的清修生活！

當然，剛開始，我的內心免不了一番掙扎。

不過，等到課程結束時，我的人生反而豁然開朗！

從我出生以來，「西面」（Simeon）這個名字，就一直在我腦海裡縈繞不去。

我還是個嬰兒時，是在路德教會受洗的。由於牧師講道的章節，剛好是《聖經》〈路加福音〉第二章，其中有個人就叫西面。按照〈路加福音〉的記述，西面是「敬畏上帝的義人，聖靈與他同在」。他得到聖靈的啟示，知道自己在離世以前會見到神所應許的彌賽亞（即耶穌）。反正就是這一類可笑的事，我從來就搞不懂。這是我第一次（不過，絕不是最後一次）接觸到西面。

我在八年級時受了路德教會所施的堅信禮。當時負責儀式的牧師，會為每一位受堅信禮的人唸一段《聖經》章節。輪到我時，他竟然又為我唸了〈路加福音〉裡這段有關西面的章節！當時，我真覺得「這也未免太巧了吧」！

自此以後的二十五年來，我經常重複做著一個可怕的夢。在夢裡，夜色已深，我卻在墓園裡迷路了，只能死命狂奔尋找出路。雖然我不知道是什麼東西在我身後緊追不捨，但我知道那是惡靈，他想置我於死地！突然間，有一名身穿黑色長袍的老人，從巨大的十字架後頭走出來，來到我的前方。當我快要撞到他時，他緊緊抓住我的肩膀，直直盯住我的眼睛，大聲吼出：「去找西面！去找西面，去接受他的教誨！」每每至此，我總是嚇出一身冷汗，驀地從夢中醒了過來。

說來奇怪，連結婚時牧師用來福證的聖經章節，都是這段和「西面」有關的章節！

這讓我當場呆住，差一點就唸錯誓詞，真是尷尬極了！

但是我卻不曾認真正視這些奇妙的「西面巧合」，它們一而再、再而三地出現，是否真是湊巧得有些不合常理？反倒是我的妻子蕾秋，每每提醒我，要我注意這些現象背後的含意。

時至一九九〇年底，在外在的一切方面，我都徹頭徹尾地成功了。生活稱心如意，無可挑剔。

當時我擔任全球知名玻璃製造工廠的總經理，手下帶領五百位以上的員工，工廠每年的營業額高達上億美元。我還是這家公司有史以來最年輕的總經理，這足以讓我自豪至今！再加上公司對我充分授權，我得以大展身手、一展抱負。我的薪資相當優渥，還有大筆的紅利。我的事業發展得再成功不過了。

就家庭來說，我和愛妻蕾秋結縭十八年了。我們相識於印地安那州西北部的瓦帕瑞索大學，我在那裡拿到了商業方面的學位，而蕾秋則拿到心理學的碩士學位。結婚後，我們一心期待早日為人父母，但卻遲遲不見孩子來報到。當時，我們夫妻倆幾乎嘗試過所有想得出來的治療方法，舉凡針劑、測試、穿刺，或是排卵藥，就連東方的針灸都試了，但是依然無效。生兒育女的念頭，始終困擾著蕾秋，雖然屢試屢敗，她卻不曾放棄。在夜深人靜的夜裡，我經常從睡夢中醒來，聽見身旁的蕾秋低聲祈求上帝賜她兒女。

為了實現當父母的願望，經歷數不清的心酸與嘗試之後，我們終於順利領養了一名男嬰，我們為他取名為約翰（與我同名），他是我們最心愛的「神蹟」。後來，上帝彷彿聽到了我們的禱告，就在我們收養約翰兩年之後，蕾秋竟然懷孕了，她生下了我們第二個「神蹟」——莎拉。

時光飛逝，如今小約翰已經十四歲了，剛升上九年級。而莎拉則是七年級。從我們領養小約翰的第一天起，蕾秋就把看診工作改為一週一天，因為我們都覺得她應該專心做一名全職的家庭主婦。此外，這也可以讓她的專業技能不致生鏽。這樣安排，我們在財務上還算過得去。

我們一家住在艾瑞湖畔的西北方，距離底特律南方約三十哩。我們家很漂亮，屋後的碼頭上，拴著一艘三十呎長的遊艇，旁邊還放著一副滑水板。車庫裡停著兩輛新款房車，每年全家至少出遊兩次。我們還定期存一筆錢到銀行裡，做為一雙寶貝兒女未來的教育基金，以及我們夫妻倆退休後的老本。正如我剛剛說過的，在外在的一切方面，我都徹頭徹尾地成功了。生活稱心如意，無可挑剔。

但是……當然……事情總不如外表那般完美。真相是，我的生活早已支離破碎、分崩離析了。上個月，蕾秋挑明了告訴我，她已經好一陣子都不快樂了，她堅持我一定要設法改善我們的婚姻。她甚至還告訴我，從我們結婚以來，她的「需求」從未被滿足過！我簡直不敢相信我所聽到的一切！我一直以為，我已經竭力滿足她的生活所需，所有女人該擁有的，她一樣也沒少過。而她竟然還說我從沒滿足她的需求！天曉得她到底還想要什麼！

而我和孩子的相處也好不到哪裡去。小約翰老是在家大吵大鬧的，三個星期前，他竟然罵蕾秋是個「婊子」！氣得我差一點出手揍他，還罰他禁足一個星期。小約翰視大人的威權和規矩如無物，甚至還在左耳穿了耳洞！要不是看在蕾秋的面子上，我老早就將他踢出門了！我們的父子關係糟得一蹋糊塗，彼此之間只剩下偶爾叫罵和點頭招呼。

我和莎拉的關係也漸行漸遠。我們父女倆的感情向來融洽，我一直把她當成天真爛漫的小女孩來疼。然而，她似乎也和我疏遠了，常常沒來由地和我鬧彆扭。蕾秋經常勸我得和莎拉好好談一談，但我卻遲遲找不出時間，或者，說得更明白一點，我遲遲無法鼓起勇氣。

就連我最自豪的事業，也是狀況百出。工廠裡的工人，居然醞釀要投票組成工會。在那段時間裡，大夥的心情都很浮躁，幸好代表資方的我們，以五十票險勝，順利平息了這場糾紛。我雖然得意洋洋，但是老闆卻頗不以為然。他認為這次投票根本不應該發生，之所以會發生一定是管理上出了問題，這都是我的錯！我當然不能同意他的說法。說穿了這不過就是一群老是妄想不勞而獲的工運分子，鼓勵員工搗亂所惹出來的麻煩，關我什麼事啊！而公司裡的人力資源經理，甚至咬定我的領導方式有問題。這可真是把我惹火了！我們這位人力資源經理不過是個滿嘴自由主義、只會找碴、又老是高喊理想的娘兒們，她到底對管理大企業懂多少啊？她只會空口講理論，但我可是實事求是啊！

甚至由我義務擔任教練的社區兒童棒球隊，竟在我執掌兵符六年後的今天，傳出了對我不滿的議論！我們這支球隊幾乎贏得所有參加過的大小比賽，在地方上也享有不錯的風評。沒想到竟然出現不少家長向球隊負責人表示，他們的孩子從打球中得不到一點樂趣！沒錯，我知道身為教練的我，是有點太嚴厲，對輸贏也太在意，但這有什麼不對嗎？竟然有兩家父母，要把孩子轉到別的球隊去！這對我的自尊又是一次不小的打擊。

這還沒完！我以前是那種逍遙自在、無憂無慮、啥也不想的傢伙，但我現在超愛鑽牛角尖的。雖然我吃穿不愁，但內心卻滿是煩惱和痛苦。活著這件事對我來說，只剩下一堆瑣碎無聊的情緒性反應。我變得很暴躁，但又退縮自閉。些許的不順心就會讓我煩惱個半天。老實說，我對誰都不爽。我對自己也不爽。

話說回來，我還是拉不下自尊，向別人坦白我的感受。所以我只能繼續過著自欺欺人的日子。然而，這一切卻瞞不過蕾秋。

蕾秋暫時放下她的煩惱，堅持要我去找我們這一教區的牧師。我勉為其難地答應了，但我其實只想敷衍了事。誰都知道我一點也不虔誠。在我看來，教會當然有其不可抹滅的重要性，但它們實在不應處處介入個人的生活。

牧師勸我一個人離家幾天，找個地方靜下心來，好好把整個事情理出個頭緒來。牧師推薦了一處靜僻的場所，一所規模很小、鮮為人知的天主教「聖約翰」修道院。這家修道院坐落在密西根湖畔，靠近李蘭小鎮。牧師還強調修道院裡的三、四十名僧侶，全都遵守聖本篤（St. Bendictine）所制定的規章。聖本篤確有其人，他是六世紀時的義大利修士，致力於改革修道院的生活方式。往後的十四個世紀，聖本篤會的僧侶依舊過著秩序井然的生活，終日奉行祈禱、勞動和默唸等三大清規。

總而言之，我覺得這個提議簡直蠢到最高點，我哪有可能答應！不過，就在我起身告辭之際，牧師突然提到那所修道院裡有一位很特別的修士，他的名字是雷奧・霍夫曼，曾任《財星》五百大企業的總裁。我久仰傳奇霍夫曼的大名，一直想打聽他的下落。這個消息立刻引起了我的興趣。

回家之後，我告訴蕾秋牧師給我的建議，她立刻笑了開說：「約翰，我正想建議你去一趟呢！」她接著說：「上星期我看了一集歐普拉的節目，她說現在有很多商界人士，都會找個僻靜之處靈修，靜下心來重新思考忙碌的生活到底所為何來。我看完後就想到了你，這不就是你最需要的嗎？看來你是非去不可了！」

蕾秋講話就是這樣！常常教我聽了就忍不住火大。什麼叫做「非去不可」？這到底是什麼高見啊！

總而言之，長話短說，我終於勉為其難地答應，要在十月初動身前往聖約翰修道院。我之所以這麼做是害怕，要是我不採取一些行動的話，蕾秋可能真的會離我而去。蕾秋開車送我去，車程是六個小時，一路上我多半沉默不語。我嘟著嘴，一想到我得在枯燥陰鬱的修道院裡，待上一個星期，我就怎麼也高興不起來。要不是為了蕾秋，我才不要犧牲自己去過這麼悲慘的生活！嘟嘴是我打小時候起就使用的武器，用來表達內心的不滿和委屈。

我們在薄暮時分抵達聖約翰修道院。車子轉進一條兩線道的小徑，接著開始爬坡，逐漸駛離湖區約幾百公尺遠，最後在砂石飛揚的小型停車場裡把車停妥。位在停車場旁的老舊木造建築，門廊的大型白色柱樑上，釘著「報到處」的牌子。

附近還散落著數棟較小型的屋子。這些屋子都是蓋在幾百呎高的峭壁上，可以眺望密西根湖。整個景致可說是美不勝收！但我們沒跟孩子們提。天知道，我即將要去受苦受難啊！

「老婆，家裡和孩子就交給你了。」我一邊從後車廂拿出行囊，一邊賭氣地說著。「我會在星期三晚上打電話給你。天曉得，搞不好上完一個星期的課，我就會脫胎換骨，變成你要的那種新好男人，放下身邊的一切俗務，出家當修士去了。」

「哈！就憑你？」蕾秋答道。她抱住我和我吻別，接著，她就發動車子，調頭駛向來時的小徑，消失在暮色之中。

我揹起行囊，走向報到處。一走進報到大廳，只見廳裡擺放著簡單的家具，四周一塵不染。一名中年僧侶正忙著講電話。他穿著一件寬鬆的黑色長袍，從脖子到腳全都蓋住，只在腰間繫了一條黑繩。

待他掛上電話，立刻朝我走來，熱情地和我握手招呼。「我是彼得神父，負責管理這裡的客房。想必你就是約翰・達利先生。」

「沒錯，我就是。彼得，你怎麼會知道我是誰？」我答道。我還不太習慣叫人「神父」。

「我看過你的牧師寄來的申請書，就隨口猜猜囉。」他笑著回答。

「這裡的負責人是誰？」我內心裡的那個總經理讓我不由得這麼問。

「詹姆士修士。他是我們的院長，已經當了二十五年。」

「修道院的院長都做些什麼事啊？」

「修道院的院長是我們大家所推選出來的領導人。他對我們這個小團體的大小事情都有拍板定案的權力。有機會的話，你應該可以和他見上一面。」

「彼得，如果方便的話，我想要一間單人房。我還帶了一些工作來，或許我可以利用一些空檔來處理。」

「非常抱歉，約翰。我們樓上只有三間客房。但是這個星期我們總共來了六名訪客，剛好三男三女。三位女士將會住在最寬敞的一號房，一位擔任軍職的先生已經訂了二號房一個人住，所以，你只好和另外一位男士同住三號房了。你的室友是李・布爾，他來自威斯康辛州的皮瓦基，是位浸信會的牧師。他早你幾個小時到，應該已經住進去了。你還有什麼問題嗎？」

「你們下星期都安排了哪些『祭典』啊？」我問道。當然，我的語氣是有點譏諷的。

「每天有五次禮拜。此外，從明天早上開始到星期六早上，一連七天都得上課。上課的地點就在這棟樓裡，時間是上午九點到十一點，以及下午二點到四點。其餘全是你的自由時間，你可以閒逛、閱讀、學習、和你的靈性導師討論、睡覺或是隨便你要幹什麼。唯一要請你止步的地方，就是僧侶的飲食起居之處。你還有什麼不明白的地方嗎？」

「其實我很好奇……到底『修士』和『神父』有什麼不同啊？」

「『神父』是授了聖職的教會人員，而『修士』則沒有領聖職，是來自社會各階層的老百姓。不過，我們都要共同分擔勞動和生活。這裡一共有三十三名僧侶，大家的地位平等。當我們立誓出家時，院長便會替我們取個新名字。就拿我來說吧，我是在四十年前由孤兒院輾轉來到這裡。在這裡受教育，立誓出家。出家後，我的名字就改為彼得了。」

後來我還是忍不住問了我最想問的一個問題，「我可不可以見見霍夫曼，我很想當面向他討教。聽說他在好幾年前來到這裡，成為貴院的一員。」

「霍夫曼？哪個霍夫曼啊？」彼得望向天花板，喃喃地說著。他絞盡腦汁，「啊，我想到了！我知道你說的是誰了。他現在的名字不是這個。我想他會很樂意和你談談的。我會幫你留張條子到他的信箱裡。不過，話說回來，他就是你未來一個星期領導課的老師啊！上過這門課的人都覺得獲益良多，我想你一定也是。晚安囉，約翰，好好睡一覺。明天一早五點半在教堂的禮拜，你可要準時出席喔。」

「喔，對了，約翰，順便告訴你，」他對著正要上樓的我說道，「雷奧・霍夫曼十年前來到這裡的時候，院長就將他改名為西面修士了。」

彼得此話一出，我頓時呆若木雞，慌忙地在樓梯的轉角處停了下來，想也不想就把頭伸出窗外，狠狠地吸了幾口新鮮空氣。外頭現在是漆黑一片，安靜的連山下密西根湖面水波拍打湖岸的聲音，都聽得清清楚楚的。陣陣的大風咆哮地從西邊吹來，吹動高大的落葉樹上早已乾枯的秋葉，發出沙沙的聲響。從小我就喜歡聽這樣的風聲。我可以望見無際、幽暗的湖面上，打著閃電，而遠方還依稀傳來微弱的雷聲。

一陣詭異的感覺湧上心頭。說不上是不安還是恐懼，反而覺得有點似曾相識。「西面修士？」我想道，「這未免也太巧了吧。」

我關上窗子，慢慢走上階梯來到走廊。我輕輕推開寫著「3」號的房門。昏黃燈光迎面而來，這是一間雙人房。房間不大，房裡放著兩張床、兩張書桌，以及一張小沙發。房裡另一扇半掩的門後則是浴室。我的室友，那位浸信會的牧師，早已進入夢鄉，睡在靠窗的床上，微微地發出鼾聲。

我突然覺得一陣睡意襲來。我很快地脫下身上的衣服，換上睡褲，調好鬧鐘的時間，然後爬進溫暖的被窩。折騰了一天下來，我實在沒把握能趕得上明天五點半的禮拜，不過我還是盡了人事，調好了鬧鐘。

我頭靠到枕頭上準備入睡，但是我的心思卻反常地起伏不已。「去找西面！去找西面，去接受他的教誨！」西面修士？我找到他了嗎？怎麼會有這麼巧的事呢？我怎麼會扯進這些事？你非去不可！一天五次禮拜？拜託，我過去一個月頂多上兩次教堂！接下來這一個星期我要怎麼過啊？我那揮之不去的惡夢……西面到底長得什麼模樣？他會告訴我什麼呢？我幹嘛跑到這裡來？「去找西面！去接受他的教誨！」

接著，我就不省人事了……再接著，我的鬧鐘就響了。

當領導人和當淑女其實沒什麼兩樣。如果你老要提醒別人你是，
就證明你根本不是！

——瑪格麗特・柴契爾（Magraret Thatcher，英國前任首相）

第1天 重新定義

A Simple Story About the True Essence of Leadership

「早啊！」

我還來不及按下鬧鐘，我的室友就躺在床上開心地向我打招呼。

「我是李，從威斯康辛州來的牧師。你的大名怎麼稱呼啊？」

「我叫約翰．達利，住在這個州。幸會了，李。」我也不習慣稱呼他「牧師」。

「我們得趕快起床盥洗，免得錯過禮拜。」

「你先去吧。我還想再躺一會兒。」我低聲回答，裝著疲憊的樣子。

「隨便你囉，老兄。」不消幾分鐘，李就梳洗完畢穿好衣服，很快地走出房門。

我翻過身子，把頭埋在枕頭裡。不過，說來奇怪，其實我已經清醒無比，而且一股罪惡感打從心底油然升起。我沒反抗罪惡感，趕快起床，梳洗，穿衣，忙不迭地走出房門，趕緊去做禮拜。天色依然濛濛的，半夜裡應該下過一場大雨，因為地上還是濕濕的。

迎著破曉曙光，我朝著做禮拜的小教堂走去，依稀可以望見教堂尖塔朦朦朧朧的輪廓。等我步入教堂之後，我發現這棟外表看起來挺陳舊的六角形木造建築，內部竟然維護得相當好。牆上鑲著彩繪玻璃窗，窗面精細地描繪出各種不同的故事。六面牆壁往上延伸，在最高處凝聚成一點，構成尖塔的形狀。氣派天花板是純粹大教堂式的。聖壇上點著好幾百隻蠟燭，在牆壁和彩繪玻璃窗上映出閃閃爍爍的影子，變化多端，宛如萬花筒裡美妙的圖案。正對著教堂大門的是一座簡單的祭壇，其中只是一張小木桌，上頭擺滿了各式各樣望彌撒時所要用到的宗教聖具。祭壇的前方，呈半圓形排了三排椅子，每排有十一把木頭椅子，看來是為了修道院裡的三十三位僧侶所準備的。其中只有一把椅子有著扶手，椅背上還雕刻著一個很大的十字架，這應該是院長的主位吧。靠近祭壇的一面牆前，排著六把折疊椅，想來是為我們這些來上課的學員所準備的。只剩三把椅子還沒人坐，我趕緊輕輕地走過去，挑了一把椅子坐下來。

我的錶指著五點二十五分，三十九把椅子只坐滿了一半。大家不發一語，陸續走入教堂，找了把椅子坐下來。整座教堂裡唯一的聲響是來自後方角落，一座老爺鐘規律地發出滴答聲。僧侶全都穿著黑色長袍，在腰間繫上繩子。至於我們這些學員，都穿得挺休閒的。五點半一到，所有人全都到齊坐定了。

突然間，後頭的老爺鐘傳來報時聲，僧侶全都起身，開始做起禮拜。還好他們唱的是英文。我們每個人也都拿到一份書面資料，方便我們跟上。不過我卻辜負了這番美意。我很快就跟不上了。根本搞不清楚什麼時候應該唱讚美詩，什麼時候應該唱聖歌，什麼時候應該合唱，什麼時候又應該對唱。到頭來，我只好完全放棄，乾脆安分坐好專心當名聽眾。

記得在出發前，教區裡的牧師曾經向我提及，這裡的僧侶依然遵循著幾百年來的格里高里傳統儀式（Gregorian format）。大約在一年前吧，蕾秋曾經買過一張十分暢銷的聖樂CD，是由一群西班牙修士所錄製的，當時我愛聽極了。這裡的吟唱和CD裡的很像，只不過改成了英文發音。

一群年紀較輕的修士負責唱讚美詩，而其他人各司其職地進行禮拜儀式。儀式極其繁複，他們不須協助就能憑著記憶優雅地進行，真是教人佩服。

儀式進行了約莫二十分鐘。就和開始時的情形一樣，儀式在突然間就結束了。僧侶排成一列跟在院長身後，魚貫地從教堂後頭離開。我仔細盯著他們離去的隊伍，試圖找出霍夫曼。到底哪一位才是他呢？

一等禮拜結束，我迫不及待地跑到隔壁的小圖書館裡，打算上網找尋和霍夫曼有關的資料。一位年老的修士熱心地跑來指導我該怎麼上網。

想不到光是和霍夫曼有關的網址就多達上千個！我花了一個多小時細細瀏覽，終於找到一篇十年前登在《財星》雜誌上的報導，我如獲至寶，立刻讀了起來。

報導指出，雷奧．霍夫曼於一九四一年畢業於湖林州立學院（Lake Forest State College），在校主修商業。沒隔多久，珍珠港事件爆發，奪走霍夫曼最要好的童年死黨的性命。遭受嚴重打擊的霍夫曼，毅然從軍。他加入海軍，以軍官的身分很快地一路晉升，最後被任命為魚雷艦長，負責巡行菲律賓海域上的大小島嶼。在一次例行任務中，他奉派押解一批日軍戰俘，其中包括三名軍官。這些人是在他所巡行的島嶼上，和我方發生了激烈戰鬥之後投降的。霍夫曼所接到的命令，是要把這些日本軍官和其手下脫光衣服，一絲不掛地排成一列走出叢林，銬上手銬，再把他們押上魚雷艦，轉送到離岸數哩的驅逐艦上拘留。然而，儘管自己的拜把哥兒們在珍珠港事件中犧牲了，霍夫曼並未藉此大好機會，公報私仇一雪心頭之恨。他並未讓這些戰俘顏面盡失地脫光衣服，反而答應他們，讓一位軍官騎馬領隊，其餘人等則身著軍服，雙手高舉，不失尊嚴地走出叢林。

這種仁慈的舉動，違反了上級的交代，多少給霍夫曼招來一些麻煩，還好風波很快就平息了。面對外界的質疑，霍夫曼只是淡淡地說道：「己所不欲，勿施於人。」此後，霍夫曼一路平步青雲。在戰爭結束之後，被授予最高榮譽的勳章，光榮退伍。

報導繼續指出，退伍之後，他進入商界。霍夫曼成為眾所周知又備受尊崇的企業家。他獨樹一幟的領導和激勵才能，迄今仍為商界人士津津樂道。他還是反敗為勝的高手，曾經出手挽救了好幾家瀕臨破產邊緣的企業，使它們轉虧為盈，一躍而為成功的典範！他更是位暢銷書作家。他曾經寫過一本書，不過百來頁，書名是《超級悖論：領導始於奉獻》（*The Great Paradox: To Lead You Must Serve*）。這本書竟然穩居《紐約時報》暢銷書排行榜前五十名的寶座達三年之久，更在《今日美國》的商業書暢銷排行榜上，一連五年都沒掉出前十名！

霍夫曼的收山之作，是當年危機四伏、即將垮台的大企業——美國東南航空公司。當時的東南航空雖然年營收高達五十億美元，但是員工的服務態度不佳，服務品質很差，士氣又很低落，早就是航空業界人盡皆知的笑柄。看在財經專家的眼裡，絕對是山雨欲來風滿樓，快撐不下去了。在霍夫曼接任執行長之前，東南航空已經在五年裡虧損了十五億美元。

在一片不看好聲中，霍夫曼只花了三年，就讓東南航空脫胎換骨。公司的財務步上軌道，無論顧客滿意度和航班準時抵達率都節節上升，各項評鑑指數由倒數翻升到令人豔羨的第二名！

報導中還訪問了霍夫曼好幾位部屬、商業夥伴、軍中同袍，以及親朋好友。有人毫不諱言對他的敬愛與崇拜；有人認為他渾身散發著無人能及的靈性智慧，不過，並不太帶有宗教色彩；有人甚至指出他的品格脫俗高潔，世上根本無人能及！所有的受訪者都說他整個人充滿了喜樂。就連《財星》的採訪記者，都說霍夫曼「已經洞悉了美好生活的奧妙」，可惜他沒有再進一步著墨。

我從網路上找到的最後一篇報導，同樣是登在《財星》上，刊登日期是一九八〇年代晚期。文中提到六十出頭的霍夫曼，正值事業顛峰，卻毅然辭去職務，從此渺無音訊。據說他結褵四十年的妻子得了腦瘤，在他辭職前一年突然撒手人寰。很多人都猜想這是他拋下一切的原因。這篇報導最後指出，霍夫曼的行蹤成謎，但是有謠言傳出他已加入某個祕密教派。霍夫曼育有五名子女，都已結婚生子，但卻堅決不肯透露他的下落。他們只說他一切無恙，生活過得很愉快，不想被人打擾。

早上七點半的彌撒過後，我突然感到有些涼意，因此想趕在早飯前回房加件毛線衫。我一踏進房門，就聽到浴室裡有些聲響，我立刻喊道：「李，是你嗎，怎麼啦？」

「我不是李，」浴室裡的人答道，「我是來修理漏水的馬桶。」

我往浴室裡探頭，看見一位身穿黑色長袍的老修士，趴在地上，努力地用扳手扭緊馬桶水管的開關。弄好之後，他慢慢地站起來，我發現他還比我高了三、四吋，而我都有六呎高了。他用抹布擦了擦手，再伸出來與我握手，「你好，我是西面修士。很高興認識你，約翰。」

我試著把眼前的他和網路上所看到的照片加以比較。他變得比較老，臉上刻畫著風霜，顴骨突出，下巴很長，鼻樑很挺，一頭整齊的白髮。他的體能狀況很好，臉色紅潤，身子骨相當清瘦硬朗。然而，最吸引我的還是他那一雙炯炯有神的眼睛，清澈得像海洋一樣藍，彷彿可以洞悉人心，卻又洋溢著無限關懷。這是我所見過最漂亮的眸子。很奇怪地，西面看起來既年輕又古老。看他的皺紋和華髮，會覺得他不折不扣是個老年人；可是他晶亮的雙眼和全身散發出的靈性和風采，卻又十足像個天真的孩童。

他的手寬大有力，握在他的手裡，我的手顯得格外瘦小。而我，站在他的面前，眼睛只敢盯著地面，尷尬萬分。拜託！他曾經是叱吒風雲的商場大亨，在最風光時，年收入超過七位數字，現在居然為區區在下我修理馬桶！

「您……您好……我是約翰．達利……我對您可是久仰大名了。」我囁嚅道。

「哦，你就是約翰啊，彼得神父說你有事找我……」

「是……是的，如果您有空的話。我想您一定很忙……」

他真誠地看著我，問道，「那你什麼時候方便呢？或許我們可以在……」

「希望我的請求不致造成您的困擾。不過，我很想趁著在這裡的時候，每天都能和您相處一陣子，像是一起吃早飯或是其他什麼的。不瞞您說，這些日子以來，我過得很辛苦，很需要有人給我忠告。我做過奇怪的惡夢，還有一些莫名其妙的巧合。我很希望能與您談一談。」

沒想到我竟然一股腦兒地說出這番話！我，可是一向自視甚高、強自鎮定的，竟然會跟別人訴苦，還要忠告！難不成我真的昏了頭，還是西面實在太厲害了？我和他見面不過半分鐘，防衛心竟然徹底瓦解了。

「讓我想想辦法吧，約翰。我想你知道僧侶必須在自己的起居處一起用餐……我可能要先請示院長，看看是否能與你一起用餐。不過，我們的院長詹姆士修士對這類要求，通常沒什麼意見。在院長同意之前，我們可以在清晨五點，在教堂禮拜開始前，先碰個面談個……」

「這真是太棒了！」我再次打斷他的話，雖然我在心裡直嘀咕五點實在太早了。

「不過，我現在可要趕緊把馬桶修好，免得沒早飯吃。我們九點在教室裡見吧。」

「那就待會兒見了，西面。」我說道，然後跌跌撞撞地走出浴室，隨便抓了一件毛線衫，就趕去吃早飯。我樂得有點飄飄然的。

來到這裡的第一個星期天早晨，我提早五分鐘進教室。教室的大小適中，看起來既現代又舒服。教室裡頭有兩面牆上排著手工製的書架，從做工來看應該是出自名家手藝。一面牆上造了一座石頭做的壁爐，裡頭燒著火，散發出白樺樹的天然芳香。為了增加保暖效果，教室的地板上鋪著地毯，看起來是便宜貨，但卻保養得很好。教室內還有兩張看起來老舊但卻很舒服的沙發、一張懶人躺椅、幾把圍成一圈的木頭椅子（還好椅子上都放著椅墊，要不然坐起來屁股可要痛死了！）。

甫踏入教室，我就看見我們的導師西面正倚窗佇立，望著窗外的密西根湖面沉思。其他五位學員已經坐定了，我趕緊走到室友李旁邊的沙發上。接著，我手上的手錶發出嗶嗶聲，而角落裡的大鐘也響亮地敲了九下。我連忙按掉手錶的鬧鈴，只見西面轉身走來，順手拉了把木頭椅子，對著大家坐下來。

「大家早！我是西面修士。很榮幸可以在未來的一個星期裡，與各位一起分享一些領導學說，這些學說曾經改變過我的一生。在這門課上，我希望大家可以一起討論，集思廣益，我也很希望能從你們身上學到一些東西。不知道各位是否曾經想過，如果將在座各位的領導年資加起來總共有多少年呢？我想總有一、兩百年吧！坦白說，領導一門浩瀚無涯，我不見得全都明白，所以，我們可要互相學習。不是說『三個臭皮匠，勝過一個諸葛亮』嗎？就讓我們在這個星期裡一起切磋吧。準備好了嗎？」

大家都客氣地點點頭，但我卻想著：「拜託，霍夫曼哪裡還要向我學習啊！」

隨後，西面修士先要我們簡單地自我介紹，並且說一說參加這次課程的理由。

我的室友李首先發言，再來是葛瑞，他是一位陸軍中士，看起來滿年輕、滿趾高氣揚的。接著是來自本州的泰瑞莎，她是一間專門招收西班牙裔學生的公立學校校長。然後是塊頭很大的黑人美女克莉絲，她是密西根州立大學女子籃球隊的教練。在我之前發言的是金，但是我根本沒注意聽。我只顧著想輪到我時，應該說些什麼才好。

等金說完之後，西面修士看著我，問道：「約翰，在你開始介紹你自己之前，你可不可以先告訴我們，金來上課的理由呢？」

我整個愣住了，只覺血液倒流，從脖子經臉頰直衝腦門。真是丟臉極了！我根本就沒聽見金說了些什麼！

「我……真的很抱歉，我剛剛沒有注意聽。」我低下頭，結結巴巴地答道。「金，真對不起。」

「約翰，你很誠實。」西面修士說道，「傾聽是領導人最重要的特質。稍後，我會多花一些時間來討論這一點。」

「我會改進的。」

等我簡單地自我介紹完畢，西面修士接著說道：「在未來的一個星期裡，我對各位只有一個規定，一旦你們覺得有話如鯁在喉不吐不快，就請各位隨時發言。」

「什麼情形才算『不吐不快』？」葛瑞的語氣中透著懷疑。

「到時候你就明白了，葛瑞。你會焦躁不已，坐立不安，心跳加快，手心也開始冒汗，逼得你非發表自己的高見不可！別擔心別人可能不屑一聽，因而不敢開口，在這個星期裡，千萬別壓抑，放膽發表意見吧！如果你覺得不吐不快，那就盡情說出來。當然，話說回來，要是你沒有這樣的心情，就請把機會讓給別人，好好當一名聽眾吧。各位可以先信任我，往後再慢慢了解。我們就這麼說定囉？」

大家又客氣地點頭同意。

西面修士繼續說道，「在座的各位都有帶人的經驗吧。在這個星期裡，我會不斷地挑戰你們，讓你們能夠用心反省身為領導人所肩負的神聖使命。無論你們的角色是別人的父親、母親、丈夫、妻子、老闆、教練、老師或是其他什麼的，你們都是自願地扛起使命。沒人逼你們扛起這些重責大任，當然你們也可以隨時丟下。舉例來說，如果你是老闆，那你手下的員工一天大概有一半以上的清醒時間，包括工作與起居，都在你所打造的上班場所裡度過。當年我剛投身商場時，看到很多領導人對自己所肩負的重責大任渾然不覺，甚至輕率地應付過去，這真讓我嚇壞了。他們不知道很多人的人生可是操縱在他們手裡，領導人的使命可是非常崇高的。」

聽完西面修士的話之後，我居然不自在起來。在這之前，我壓根兒沒想過我所扮演的角色，我從沒想過我對手下員工人生的影響。「崇高的使命」？這是什麼東西啊！

「我將與各位分享的領導學說，真要講出來，一點也不新奇，更不是我獨創的。它們和《聖經》一樣古老，又像晨曦一樣清新。不管你是扮演什麼角色，帶領哪些人，這些道理全都適用。不過，你們應該都還沒學會這些道理，要不然，你們也不用坐在這裡聽課了。你們來到這裡是有目的的，我希望在這個星期裡，你們都能找到此行的真正目的。」

在他說話的當兒，我的思緒不由得飄到「西面巧合」、蕾秋的說法，以及之所以讓我來到這裡的一連串事件上。

「我有一個好消息和一個壞消息，」西面修士繼續說道，「好消息就是，在未來的一個星期裡，我將帶領各位探討領導的真諦。因為你們都是領導人，我想這應該算是好消息。各位還記得吧，只要是兩人以上的團體，有共同的目標，就有推舉領導人的必要。至於壞消息嘛……要不要把這些道理用到你們的生活上，全由各位作主。誰都可以影響別人、領導別人，只要你付出最大的心力。遺憾的是，一般的領導人，通常都沒有付出什麼心力。」

李舉起手，西面修士點頭請他發言。「您剛剛好像一直使用『領導』和『領導人』這些字眼，而不是『管理』或是『經理人』之類的。這是不是故意的呢？」

「李，你的觀察很敏銳哦。坦白說，我們沒辦法『管理』人，我們只能『管理』貨品、支票、資源，甚至是我們自己。但我們沒辦法『管理』其他『人』。我們只能管理『東西』，人只能『領導』。」

西面修士起身，走到黑板前，先寫上「領導」兩個字，接著請大家幫他找出這個詞的意思。討論了二十分鐘之後，我們得到了以下結論：

領導（Leadership）：一種技能，用來影響別人，讓他們全心投入，為達成共同目標奮戰不懈西面修士走回座位坐下，接著說道：「黑板上面所寫的解釋裡頭，第一個關鍵字，就是『技能』。『技能』是一種能力，透過學習而得。我一向主張，領導，也就是影響別人，是人人可學、人人可得的，只要你有意願又肯好好實踐。第二個關鍵字是『影響』。領導就是影響別人，但我們要如何影響別人呢？我們要如何讓別人照著我們的決心走？我們要如何讓他們願意奉獻出心力、才能、創造力，以成就大局？」

「換句話說，」我打斷西面修士的話說道，「我們該領導的是別人的『大腦』，而不是他們『大腦以下的部分』。對不對啊，西面？」

「你說對了，約翰。在學習如何發揮影響力之前，我們要先明白威權和威信的分別。各位或多或少都大權在握吧，但我想你們當中沒有幾個人能讓所帶領的人服氣吧？」

我聽得糊里糊塗的，於是開口問道，「西面，威權和威信到底有什麼不同啊？你可不可以說清楚一點！」

「樂意之至，約翰。」西面修士答道，「很久以前，社會學巨擘馬克斯・韋伯（Max Weber）曾經寫過一本《社會與經濟組織理論》（*The Theory of Social and Economic Organization*）。在這本書中，韋伯清楚地解釋了威權和威信之間的差異，他的解釋迄今仍然廣受肯定。我會盡可能地把韋伯的話用我的方式解釋給你們聽。」

西面修士走到黑板寫下：

威權（Power）：一種能力，利用你的地位，罔顧別人的意願，強迫他們照著你的決心行事

「大家都很明白威權是什麼吧，因為到處都是。『你要不幹我就開除你！』、『你要不幹我就讓你好看！』、『你要不幹我就揍你！』、『你要不幹我就罰你禁足兩星期！』……反正就是硬要別人照你的決心去做。各位都了解了嗎？」

我們全都點頭稱是。

西面修士再度轉過身在黑板上寫道：

威信（authority）：一種技能，運用影響力，讓別人心甘情願地照著你的決心行事

「這就有就有些不同吧！威信指的是，在你開口要求之後，別人就會很樂意地照著你的意思行事。像是『只要比爾開口，我就願意去做！』（『我願意為了比爾赴湯蹈火』）、『因為媽交代了，所以我去做！』。我們特別要注意的是，威權是一種**能力**，而威信卻是一種**技能**。施展威權不需要用到智慧或是勇氣，三歲小孩都能運用自如，他們很知道怎麼指使父母和寵物。歷史上多的是作威作福的暴君。但是要在眾人面前樹立威信，卻需要一套很特別的技能。」

克莉絲問道，「那麼您的意思是說，有些人就算有威權，也不見得有威信。反過來，有威信的人也不見得有威權。難道威信和威權無法兩全嗎？」

「這個問題問得太好了！克莉絲，其實威權和威信還有不同之處。威權可以買賣，能夠得到，也會失去。一個人之所以擁有威權是因為他可能是某某人的姻親、哥兒們，或是繼承而來的。但是威信可就不同了，無法買賣，不能得到，也不會失去。威信是和你『這個人』有關，是和你的性格有關，是你對別人自然產生的影響力。」

「拜託！你的說法只有在家裡或是教會才行得通吧，在現實社會裡根本就只有碰壁的份！」葛瑞出聲反對。

「真的嗎？葛瑞。舉例來說吧，你想你的太太或小孩想回應的是你的威權還是威信？」

「威信，這還用問嗎？」泰瑞莎說道。

西面修士馬上回應，「泰瑞莎，為什麼妳這麼確定呢？利用威權才能把事情做好，不是嗎？『喂！兒子啊，快去倒垃圾，要不然我賞你一頓好打！』你這樣說完之後，垃圾一定會不見的，對吧？」

金，那位我沒留意聽她自我介紹的女士（後來我才知道，她可是本州一家天主教醫院婦產科的護士長！）附和說道，「您說得很對！打罵只能撐得了一時，等到孩子長大以後，他就會還手了。」

「一點也沒錯！金。威權對關係的破壞可大了。行使威權或許可保一時的風平浪靜，甚至還可以達成目標，但是日積月累之後，關係也就毀壞殆盡了。青少年在青春期所發生的叛逆行為，不就是因為在家裡老是『被欺負』，所以才非得發洩出來嗎？同樣的情形也出現在商場上，員工的騷亂不也是一種叛逆、一種發洩嗎？」

我突然感到一陣反胃，我想到了我兒子的叛逆行徑，以及工廠裡員工的串聯反抗。

「不過，」西面修士繼續說道，「我想大多數頭腦還算清楚的人都會同意，在家裡最好是使用威信來領導家人。但要是在自願性的服務機構裡呢？李，身為教區的牧師，你一定得要和很多志工相處吧？」

「沒錯。」李回答。

「那你來說說看，你覺得志工能接受的是威權還是威信？」

李笑著回答，「要是以威權壓他們，他們哪會留下來呢？」

「他們確實不會留下來，」西面修士繼續說道，「志工只會選擇能滿足他們需求的組織來奉獻。至於商場上呢，商場上有志工嗎？」

我想了一分鐘，第一個念頭是「員工可不是志工」。不過，西面修士接下來的話，卻教我重新思索了起來。

「這樣說吧，我們確實可以租到員工的手啦、腳啦、身體啦、大腦啦，而整個人力市場也會幫著給我們一個合理的價碼。但是他們真的不是志工嗎？他們可以隨時辭職；他們可以為了區區五毛錢的時薪，跳槽到對街的公司；他們也可以為了和主管合不來，寧可時薪少五毛錢也要到別家公司上班。他們當然是志工！更別說他們的心靈、想法、智慧，以及創造力了。這些東西是強迫不來的，非得員工自願付出才行。全力以赴、出類拔萃、創意十足……這些都不是我們強求得到的！」

克莉絲很不以為然地說道，「西面，我覺得您實在太不食人間煙火了。如果不用點威權的話，別人可會把我們踩在腳下的！」

「可能吧，克莉絲。不過我可不是你說的那種不知民間疾苦的白痴，我很清楚我們有時候非得用到威權不可。無論是在家裡管教小孩，還是開除頑劣的員工，我們總得施展鐵腕。只不過，我想提醒各位，在行使威權的同時，你們也應該自我反省，為什麼會落得這個下場？為什麼非得以威權壓人？你們應該明白吧，只有在威信破產後，才會用到威權。或許更糟的是，我們根本在一開始就毫無威信可言。」

「但是威權才能教人聽命！」葛瑞還是很堅持。

「過去可能是這樣，葛瑞。」西面修士說道，「但是情況已經變了。看看過去這三十年吧。我們都經歷過一九六〇年代，都曾挑戰過威權和體制。我們都曾見到政府濫用威權，像是水門案、伊朗軍售案、白水案等等。也曾見過名聞遐邇的宗教領袖無法無天，惹出天大的醜聞。更別提軍方了，他們只會欺瞞社會大眾，像是越戰大屠殺，還有最近的波灣戰爭症後群等等。大眾傳媒和好萊塢電影經常公開抹黑企業領袖，形容他們是見錢眼開的環保殺手、壞事做盡的王八蛋！我想，和過去比起來，現在的人對威權是越來越厭惡了。」

李說道，「我上個星期看了《今日美國》的報導，它指出三十年前有四分之三的國人相信政府，但是如今只剩下四分之一。我想它說得沒錯！」

「理論上是這麼說啦，」克莉絲再次反駁，「但是如果真照您所說的，只有利用威信和影響力才能把事情辦好，但是今天的社會是三教九流都有，我們又要怎麼建立威信呢？」

「別著急，克莉絲，別太著急，」西面修士輕聲笑道，「我們很快就會談到這個問題了。」

葛瑞瞥了一眼大鐘，大聲說道：「西面，我很遵照您的規矩哦，我現在是不吐不快。我們可不可以先下課啊？我想去撇尿。」

修道院每天定時供應三餐，早餐是在早上的八點十五分，接在晨間彌撒之後；中餐是在中午的十二點半，接在午間禮拜之後；晚餐是在傍晚六點，接在晚禱之後。食材都很新鮮，調理也很簡單，吃起來十分可口。準備餐點的是安德魯修士，他的為人很和氣、很熱忱。

連我自己都不敢相信，像我這麼鐵齒的人，在這個星期裡，真的是每天乖乖地做完五次禮拜！第一場是在清晨五點半，接著是七點半的彌撒，午間禮拜，傍晚五點半的晚禱，最後則是晚上八點半的晚禱。每一場禮拜差不多持續二十分鐘到三十分鐘不等，儀式原則上大同小異。起初我覺得這些彌撒實在無聊透頂，但是參加幾次下來，居然生出期待的心情。這些禮拜安頓了我的心，讓我的生活步上軌道，還給了我很多時間靜下來好好反省——這可是我好幾年來都沒什麼時間去做的一件事。

我和李相處得十分愉快。他的個性開朗又不做作，和我過去認識的神職人員大不相同。雖然相處的時間不多，但是我們都會趁著睡前交換一天的學習心得。不過，由於我們每天清晨即起，整天活動下來，幾乎一沾枕就睡著了。但我還是覺得李是最棒的室友。

參加這次課程的學員，包括我在內，都是來自社會各階層，有一個共通點是，我們都是所屬組織的領導人。我們都要帶領一群人，都要對他們負責。

每天的活動安排得井然有序，五次禮拜，三餐，四個小時的課程（當然中間穿插了休息時間）。其他時間，我們通常用來閱讀、聊天、散步，或是一口氣走下二百四十三級階梯，走到美麗的密西根湖畔，盡情漫步。

下午上課時，西面修士要我們兩兩分組。金對著我笑了笑，我毫不猶豫地加入她。下定決心這回可要好好聽她發言。

「我們再接著討論威信，或者說是影響力吧。按照早上的討論，請各位仔細回想，在你們的一生中，無論是否健在，有誰符合這個標準呢？他可以是你的老師、教練、父母、配偶或是老闆……誰有威信？你願意為了誰赴湯蹈火、在所不辭？」

我馬上想起我最親愛的母親，她已經過世十多年了。

「好了，現在和你們的夥伴一起，」西面修士繼續說道，「寫下你們心目中的人選，寫下他們所具備的性格優點，一項一項地列出來，然後你們再互相比照對方的答案，從你們所選的人物身上，挖掘出三到五項特質，請注意，這些特質必須是這些人物的威信所繫。」

這真是太簡單了！我的母親對我影響深遠，不光是為她赴湯蹈火，就算是上刀山、下油鍋，我也沒有第二句話。我馬上在紙上寫下「忍讓、說到做到、仁慈、體貼、可靠」等形容詞，並且和金交換答案。

沒想到金的答案竟和我的差不了多少！她選的高中老師，這位老師也對她影響深遠。西面修士走到黑板前，請各組說出他們的答案。和金同組的我，非常驚訝地發現其他各組的答案也和我們的雷同。最後，我們歸納出了最重要的十個特質：

◎誠信
◎以身作則
◎體貼
◎說到做到
◎善於傾聽

◎有責任感
◎尊重別人
◎不吝鼓勵
◎樂觀、熱忱
◎感恩

西面修士走回來，一邊說道，「歸納得真不錯！我們先不討論你們的答案，也先不把你們的答案和黑板上的歸納來比較，這留到稍後再說。不過，對於你們所寫下的答案，我有兩個問題想要請教。第一個問題是，你們所寫下的人格特質裡，有哪些是與生俱來的？」

大家不約而同地望向黑板，略微思索。突然間，金脫口而出，「一個也沒有！」真是既簡單又有力的回答啊。

然而葛瑞卻反對，「這可不一定。積極、熱忱、感恩的人生態度，應該是遺傳來的吧。像我就不是這樣的人，就算學也學不來！」

「哦，這可很難說。要是我說只要你變得樂觀、感恩，我就給你二萬五千美元，我想你就會拼死命改過來的！」李反駁道。

「嘿，牧師大人，你說這話是什麼意思啊？」葛瑞大聲反問。

「如果我說我願意付你二萬五千美元，只要你在未來半年內，保持積極、熱忱、感恩的態度，好好和屬下相處。說實話吧，葛瑞。看在錢的份上，你和屬下之間的相處，一定會有所改善的，對吧？」

李一言中的，葛瑞只有點頭贊成的份，「這我同意，李。」

西面修士適時地替葛瑞解圍，「你們所歸納出的十大特質都是行為。而行為則是由我們來決定的。因此，我的第二個問題是，這十項特質或是行為，你們最近身體力行了幾項呢？」

「我都有做到啊，」泰瑞莎答道，「我們多多少少都有做到吧。差別只在於，有些人做得好，有些人做得差勁。我雖然是世界上最差勁的聽眾，但我有時候還是會強迫自己努力傾聽。同樣地，或許我談不上有多誠實，但在面對家人時，我是絕對真誠的。」

「你說得很好，泰瑞莎。」西面修士笑著稱讚，「特質通常是在早年成形，久而久之養成習慣，最後定型成後天的行為。有些習慣，有些人格特質，還會不斷發展，不斷成熟，變得越來越好。而有些習慣和特質，過了青春期之後，就定型了。領導人的課題就是，找出自己應該要改進的性格，然後利用李所說的二萬五千美元的方法，加以改進。我們要不斷地挑戰自我，下定決心，全力以赴，好好改進我們的毛病、性格和本性。」

「但是江山易改，本性難移啊！」葛瑞很不以為然地說道。

「別著急，葛瑞，精采的還在後頭呢。」西面修士答道，他的眼睛閃閃發亮。

休息過後，我們繼續上課，剩下來的時間我們都在討論人際關係的重要性。

西面修士先起頭說道，「簡單說，領導指的是透過別人來完成工作。當我們談到透過別人來完成工作時，這包括了兩方面：工作和關係。領導人要是只重視其一，沒有兼顧二者，事情往往做不好。舉例來說吧，如果我們只要求把工作完成，卻不考慮當中的人際關係，下場會如何呢？」

「很簡單啊，」金答道，「在我上班的醫院裡就有現成的例子。這些人底下的員工流動率就會居高不下，因為根本沒人想跟他們共事。」

「這就對了，金。只重視工作而忽略人際關係，就會留不住員工，員工就會作怪，工作成效不彰，說話不算話，背信忘義，還會出現其他令人失望的情況。」

「沒錯，」真是一語驚醒夢中人！我說道，「我最近就碰到了員工想要組織工會的騷亂，看來這是我們只重視工作的後果。我只要求工作績效，卻忘了維繫人際關係。」

「但是工作很重要啊，」葛瑞不忘強調，「如果工作做不好，我們也別想保住飯碗。」

「葛瑞，你說得很對，」西面修士表示贊同，「只重視人際關係，卻拿不出工作表現的領導人，充其量只是個保姆，而不是領導人。真正的領導人是要在完成工作的同時，還要維繫良好的人際關係。」

我感到有話非得說出來不可，「但我覺得情況可不是如此。今天，有很多人，就算不是大多數的人，之所以被拔擢為主管，靠的都是他們的專業能力與工作能力。但是，從我個人的經驗看來，這樣的做法可說是危機重重。比方說，在我們把一位很出色的起重機司機升為組長之後，就會出現兩道新難題。我們多了一位爛組長，少了一名好司機。這樣一來，領導階層大多只具有專業能力或是工作能力。」

「確實如此，約翰，」西面修士答道，「先前我們已經討論過威權有害人際關係。現在我想問問各位，人際關係對領導來說重要嗎？我幾乎花上一輩子才體認到，人生是由關係所組成的，無論是和神的關係、和自己的關係、還是和別人的關係。對企業來說，這個道理更是顛撲不破。沒有了人，企業也就無從存在。有了良好的人際關係之後，才會有幸福的家庭、融洽的團隊、虔敬的教會、蓬勃的企業，甚至是美好的人生。真正偉大的領袖一定都擁有維繫良好關係的技能。」

「西面，您可不可以說得更清楚一點？」克莉絲反問，「我一向以為企業不過就是由磚頭、水泥，以及機器所組成的。這干人際關係什麼事啊？」

「如果我們想擁有一家蒸蒸日上的企業，我們就必須與組織裡的C、E、O、S打好關係。C指的可不是執行長（Chief Executive Officers），而是顧客（Customers），E則是員工（Employees），O則是老闆（Owners）或是股東（Stockholders），而S則是供應商（Suppliers）。比方說，要是顧客移情別戀，投入競爭對手的懷抱，就證明我們和他們的關係出了問題。我們一定沒有找出他們的需求，更遑論滿足他們了。商業守則第一條：如果我們沒能滿足顧客的需求，就會有人取而代之。」

這番話當下引起了我的共鳴，「沒錯，從前那套靠吃喝應酬來爭取訂單的手段已經不管用了，現在的顧客重視的是品質、服務與價格。」

西面修士點點頭，「約翰，你說得很好。我們確實要照顧到顧客的需求，同樣地，我們也要照顧到員工的需求。員工的騷亂、流動率高、罷工、士氣低落、背信棄義、說話不算話……這些症狀，都是因為勞資的關係搞不好，都是因為資方沒有好好照顧員工。」

我立刻想到老闆曾經說過工廠裡的員工騷亂，問題是出在管理上，但我卻沒聽進去他的話。

「更進一步說，要是我們沒能滿足老闆和股東的需求，整個企業可就大大不妙了。股東所要求的，不外乎是投資能夠得到豐厚的報酬。萬一我們做不到，我們和股東的關係當然也不會太好。」

李接著說道，「正是如此，西面修士。股東要是不爽，組織也別想長長久久。關於這一點，我可是有過切身的慘痛經驗。好幾年前，我是亞利桑那州一處度假村的總經理，當時雖然大夥相處融洽、工作愉快，但卻忽略了業績的達成。最後，我只好黯然去職，轉換跑道，進入神學院。」

西面修士接著說道，「同樣地，這個道理也適用在我們和業者或是供應商的關係上，不管它們是提供我們零件、服務、還是融資。對組織來說，如果想要永續經營，就得和顧客及供應商建立良好的共生關係。一言以蔽之，成功經營企業的不二法門，就是要與顧客、員工、老闆，以及供應商等（C、E、O、S）打好關係。我想所有成功的領導人，都很明白這個簡單的道理。」

葛瑞很不服氣地問道，「西面，說到底，您知道是什麼東西才能討部屬或員工高興嗎？就是錢。『給我錢，其餘免談！』」

「當然錢是很重要的，葛瑞。萬一哪天跳票，你就知道錢有多重要了。但是話說回來，根據國內幾十年來的研究顯示，員工最希望從組織裡得到的東西，金錢只居第四或第五名。反而是受到尊重和肯定、對組織有所貢獻、能夠做事這些東西，排名在金錢之前。不過很可惜的是，絕大多數領導人對這樣的調查都相當嗤之以鼻。」

李看起來很坐立不安，還一副不吐不快的樣子，終於說道，「看看國內的婚姻狀況吧！婚姻不就是一種合夥關係，或者說是一種組織，但現在竟然有一半以上的婚姻到最後都失敗了！你們知道婚姻失敗排名第一的理由是什麼嗎？是錢，是家庭財務出了問題！你們會相信這樣的說法嗎？照這樣說來，窮人家的婚姻鐵定會失敗囉！真是好笑！根據我多年來在教區裡輔導夫妻失和的經驗看來，婚姻出了問題之後，大家都很理所當然地把矛頭指向金錢，因為這個原因是很明顯的，而我們也很容易就能拿它來當擋箭牌。但是，真正造成婚姻失敗的原因，應該是彼此之間的關係搞不好吧！」

「你說得很有道理！」我插嘴說道，「像我所管理的工廠，最近，員工就醞釀要成立工會，大家都告訴我原因是出在錢，說得我不由得信以為真。但是我們所聘來解決問題的工運處理顧問，卻直陳原因不是出在錢。他堅持原因是出在勞資關係上，但我那時並不同意。現在看來，或許給他說對了！」

泰瑞莎接著問道，「西面，好吧，如果人際關係對組織或是對人生來說都很重要，嗯，我剛好同意您的看法……不過，您認為，人際關係之所以能夠融洽，最重要的條件是什麼？」

「真高興妳終於問了這個問題，泰瑞莎，」西面修士很快地答道，「答案再簡單不過了，就是信任二字。要是缺乏了信任，人際關係就很難維繫下去。信任就像是三秒膠，能夠黏住人與人之間的關係。如果你們不信的話，不妨想想這個問題：你能和你不信任的人相處融洽嗎？你會邀他共進週末晚餐嗎？沒了最基本的信任，婚姻就會破裂；家人就會疏離；組織就會瓦解；國家就會崩潰。而信任則是建立在可靠之上，這一點我們將在稍後的課程裡詳加討論。」

在十月的第一個星期天，也是我來到這裡的第一堂課，我們討論了很多很多，但我卻只記得住上述這些。我的思緒紛亂，情感奔騰，簡直讓我招架不住。一天下來，我疲憊不堪，再也無法專心了。我一直想著我所「簽下」的責任，父親、主管、丈夫、教練……這些責任被我的威權式領導方式給破壞殆盡了，而我也變得消沉沮喪，無法自拔。當晚，我像鬥垮了似的，精疲力竭地倒在床上，過了許久，才終於睡著。

第2天 打破成規

The Servant

A Simple Story About the True Essence of Leadership

愚公移山。

——中國古諺

第二天，我在清晨四點四十五分就完全清醒了，但我還想多賴床一會兒。不過，一想到西面修士正在教堂裡等我，我就只好趕緊爬出溫暖的被窩，匆匆地抹了把臉，出門前去赴約。

西面修士正坐在他每次禮拜時都坐的位子上。他招了招手叫我過去，我恭敬不如從命地在他身邊坐了下來。

「對不起，讓您得起得這麼早。」我很抱歉地說。

「哦，沒事。約翰，我已經起來老半天了。能夠和你談談真好。昨天你說想要一起吃早餐的事，我已經問過院長了，但他還沒答覆我。不過，他倒是已經答應，讓我們在五點半的禮拜之前碰面。」

「院長可真『偉大』啊！」我想道。

「約翰，你可不可以告訴我，截至目前為止，你都學到了什麼啊？」

「我學到了很多，」我平靜地答道，「像是威權和威信，的確讓我耳目一新。對了，西面，您怎麼知道我沒聽金發言啊？」

「很容易啊，約翰。我發現你並不怎麼注意聽別人說話。」

「我想不至於吧，」我反駁道，「我一直都認為自己是很好的聽眾啊。」

「是嗎？昨天早上，當我們在你的房裡碰面時，你打斷了我的話不下三次之多。約翰，這對我來說倒還無所謂。但是如果你也常打斷手下的話，你知道他們會怎麼想嗎？難道沒人提醒過你，你有這個壞毛病嗎？」

「沒有啊。」我撒了謊。其實蕾秋曾經不止一次向我抱怨，說我從來不讓人把話說完，老是等不及搶話。這讓孩子感到很挫折。蕾秋還說我在工作上一定也犯了同樣的壞毛病，而且沒人敢告訴我。其實，在工作上，是有人曾經這麼說過。有一位產品經理，在他即將投入競爭對手的懷抱前，在離職面談上曾經說過。他批評我是他所見過最不注意聽別人說話的人。但是當時我卻沒有放在心上，因為我認為叛徒所講的話，根本不值得注意聽。

「約翰，像你這樣老愛打斷別人，會給別人留下很惡劣的印象。首先，這表示你根本沒在聽我說話，你只是在腦子裡不斷想著該怎麼回應我的話。其次，這表示你根本不在意我或是我的看法，因為你連聽我把話說完都不肯。最後，這還表示，你覺得你所要說的話比我的高明。約翰，你所傳達出來的訊息就很不尊重人，如果你要當個領導人，你可不能這樣啊。」

「西面，但我沒有這種想法啊，」我否認，「我很尊敬您啊。」

「約翰，尊敬不是放在心裡想想就好了，還得表現在行動上啊。」

「好吧，我想這方面我還要改進。」我連忙回答，想要趕快換個話題。

「談談你自己吧，約翰。」西面修士好像看穿了我想轉換話題，因此很配合地問道。

我花了五分鐘向西面修士自我介紹，還花了同樣多的時間向他簡述「西面巧合」和縈繞不去的惡夢。

西面修士非常專心地聽我道來，彷彿這世上再沒有其他的事比我說話更重要了。他望著我的眼睛，不時點點頭表示理解我所說的話，但是卻自始至終不發一語，耐心地聽我把話說完。

經過了一兩分鐘的沉默之後，西面修士開口說道，「約翰，謝謝你告訴我這個故事。這個故事真的很有趣！我一向都很喜歡聽人生小故事。」

「是嗎，不過，我的故事也沒什麼特別的，」我欲言又止地說道，「您對西面巧合有什麼看法呢？這到底是怎麼一回事啊？」

「我還不是很清楚……約翰。」他邊摸著下巴邊說道，「我比較贊成你太太的說法，我想其中必有玄機。畢竟我們對於潛意識和夢境的解讀，都還在起步階段。它們所蘊含的意義可是很豐富的，只是我們還不知道而已。」

「是啊，我也是這麼想。」

「除此之外，約翰，在這一個星期裡，我有什麼能為你效勞嗎？」

「西面，我真希望能偷到一點您的智慧。這一陣子我過得很辛苦，心神不寧。要是有一個人，樣樣都不缺，那他應該很心滿意足才對。但我完全不是這樣！」

「約翰，我花了很多年的時間才領悟到，充裕的物質生活不見得是幸福的保證啊。」西面修士像是要宣布最偉大的真理般地說道，「仔細觀察周遭事物，你會發現，真正的幸福一定是免費的。」

「此話當真？西面。」

「約翰，放開心胸好好想想。愛情、婚姻、朋友、孩子、孫子……日出、日落、月夜、點點繁星……剛出生的嬰兒……花草、湖泊、雲彩……天生的觸覺、味覺、嗅覺、聽覺、視覺……性愛……作主的權利……甚至是生命本身……這些快樂，哪一樣不是免費的？」

僧侶陸續進入教堂，做禮拜的時間到了，我們也得告一段落。

「西面，我很希望在這一個星期裡能多多跟您學習。雖然我不確定能學到什麼，但我絕對會全力以赴。我知道我得在丟掉飯碗甚至是家庭破碎之前，盡力改善我的性格，把生活拉回正軌。不過，坦白說，來到這裡之後，我反而變得更痛苦了。越是和您討論，越是明白自己過去所犯的錯誤。我從來沒有像現在這樣對自己這麼失望過啊。」

「約翰，這可是個好的開始。」西面修士微笑地答道。

星期一早上，大鐘敲了九下，教室裡人聲鼎沸。

西面修士和善地對大家笑了笑，客氣地問道，「我們昨天所討論的，想必有人會持不同的看法吧。」

「您真他媽的說對了！」葛瑞脫口而出，一副理所當然要代表全班發問的樣子，「我們昨天所學的那些童話故事般的高調，在現實裡根本沒用！」

李搖了搖頭說道，「阿兵哥！別把大家拖下水！你太墨守成規了，得換換腦筋啊。」

「什麼是『成規』（Paradigm，編者注：意指『典範』，但是在本書中，根據上下文，將會視情況翻譯成『成見』、『成規』、『典範』）啊，牧師大人？」葛瑞反擊。

「不就是你們《聖經》裡的那一套嗎？」

西面修士隨即接口說道，「『成規』，這兩個字用得好極了。Paradigm，成規、成見或是典範，是一套心理樣式（pattern）、模型（model）或是地圖，用來指引我們人生的方向。如果使用得當，典範可是很有幫助的，甚至可以拿來保命。然而，要是我們誤以為典範是不能變的，是永恆的真理，罔顧時代的變遷，硬要拿它們來篩選新的資訊，那可就很危險了。」

葛瑞說道，「好吧，我明白了。我確實有個成見，我一直都以為僧侶很陰險、很邪惡，應該要遠遠地避開才對……我真要感謝指揮官，幸好他堅持要我來上課。我很高興我這些『成見』將會在這個星期裡被打破！」他翻了翻白眼，笑著說道。

我們哄堂大笑，而笑得最大聲的竟然是西面修士！

「謝謝你的補充說明，葛瑞。」西面修士笑著回答，「關於危險的成見，我倒可以舉個例子。大家可以想想，一名從小遭父親虐待的小女孩，她會發展出什麼樣的世界觀（worldview）來？她一定會認為男人都很壞，都不能信任，她一定很痛恨她的父親。等她長大以後，她很有可能會完全沒辦法和男人相處。」

「我明白，」金說道，「小女孩從小所形成的成見，讓她認為所有的男人都很壞。但正確的說法應該是，只有一部分的男人很壞。也就是說，她小時候和混帳父親相處的經驗，等到她長大之後，會錯誤地擴大成奇怪的成見。」

「一點也沒錯，金。」西面修士繼續說道，「因此我們要經常反省我們早年所形成的成見，無論是和自己有關的、和周遭世界有關的、和組織有關的，或是和別人有關的。請記住，我們是透過我們所形成的典範來理解外在世界的。但是，我們的典範並非天經地義的金科玉律。」

我接著說道，「我曾經在書上看過，有人說我們永遠看不到世界的真貌，因為我們只看得到我們想看的世界。因為每個人觀點各有不同，因此所看到的世界也就大相逕庭。這個世界，會隨著我們是貧賤是富貴、是黑人是白人、是年老是年輕、是健康是生病，而有所不同。不說別人，就說我和我太太吧，我敢肯定我倆所看到的世界一定很不一樣。」

泰瑞莎接著說道，「馬克．吐溫曾經說過，取法經驗時要格外地謹慎，以免成了『熱爐上的貓』（the cat who sits on a hot stove）。因為貓要是曾經坐在熱爐上一次，牠以後就再也不敢坐在爐子上了，就算爐子是冷的，牠也不敢。」

「哇！你們講得都太精采了，」西面修士掛著慣有的微笑說道，「我們可以好好想想從前所留下來的成規、成見。地球是平的；太陽繞著地球轉；善有善報；女人不應該有投票權；黑人是低等動物；君王統治人民……足球場內禁穿白色釘鞋；女人才能蓄長髮、戴耳環……這些說法你們全都很熟悉吧。新的見解和做法，很具挑戰性，所以經常會被視為是異端、邪說，還會被安上反叛的罪名。挑戰成規固然辛苦吃力，但卻是進步的關鍵。世界變動得越來越快了，要是我們不懂得及時反省我們的信念和成見，就會被淘汰出局。」

克莉絲說道，「難怪持續改善的呼聲是越來越大了。要是企業拒絕調整它所抱持的理念和經營方式，一定會被競爭對手和整個世界給遠遠地拋到後頭。但改變可是很困難的。您為什麼這麼強調改變呢，西面？」

西面修士很快地答道，「改變會把我們拖出原本安穩的舒適區（comfort zone），強迫我們改用新做法，這就是最困難的地方。挑戰我們的既定想法，就等於是要我們重新思考自己所處的位置，這當然很不輕鬆啊。再加上大部分人寧可窩在他們的小天地裡，舒舒服服地過日子，也不肯解決問題，克服痛苦和困難。」

「人都是貪圖享樂的啊！」泰瑞莎咧嘴笑道。

克莉絲繼續說道，「生命裡沒什麼事是永遠不變的，所以，無論是個人或組織，都必須持續改善、持續調整才行。大自然的物競天擇已經很明白地告訴我們，要是不努力調適、成長，就只能坐以待斃。」

西面修士補充說道，「一般人只知道要持續改善，殊不知除非我們真的改變了，要不然根本稱不上有所改善。唯有勇於挑戰舊有規範、開創新時代的心靈，才堪承擔領導的重責大任。」

「蕭伯納曾經說過，」泰瑞莎再度發言，「頭腦清楚的人改造自己以適應外在環境，頭腦不清的人則是改造環境以適應自己。這麼說來，進步都是由頭腦不清的人所創造出來的囉。」

「我經常告訴球員，」克莉絲說道，「在由狗拉車的雪撬隊裡擔任領頭狗有三個好

圖表2.1

成見	新見
美國獨大	全球自由競爭
集權式管理	授權式管理
日本=垃圾產品	日本=高品質產品
管理	領導
主觀認定	客觀因果
等到壞了再說	持續改善
短期獲利	平衡短期與長期獲利
工人	夥伴
抗拒改變、害怕改變	視改變為常態
合格就好	零瑕疵

處：首先，可以吃到最新鮮的雪；其次，可以看到最新奇的風景；最後，你不必老是看著其他隻狗的屁股。」

「謝謝，克莉絲。我倒是第一次聽到這種說法。」西面修士笑著說道。

西面修士走到黑板前，要我們大家一起腦力激盪，想些成見與新見，他把我們所想到的順手寫在黑板上（參見圖表2.1）。

西面修士繼續說道，「當然，在我們即將步入二十一世紀之際，有一些經營企業上的成見，也需要反省一番。就像先前所提到的小女孩那樣，我們或許也抱著一些陳舊的包袱和不切實際的成規，渾然不覺地跨進變動不止的新世紀。大家努力想想，在組織經營上，有哪些成規是早該被打破的？」

葛瑞又是第一個舉手，「金字塔式管理（pyramid style of management），是上對下發號施令。下屬只能聽命行事，不允許有其他意見。只能奉行『有錢就是老大』（he who has the gold makes the rules）的金科玉律。」

「葛瑞，你詮釋得很好。」泰瑞莎接過話來，「這種管理方式始終沒有改變。就算是那些我們曾經寄予厚望的嬰兒潮世代或是X世代的領導人，唉，他們和前人還是沒什麼兩樣。」

西面修士再度走向黑板說道，「我們先來討論金字塔式管理吧，我們先來想想這套管理方式為什麼這麼盛行。」

西面修士在黑板上畫出一個很大的三角形，再把它分成五份（參見圖表2.2）。「這種由上而下的金字塔式管理，已經有好幾百年的歷史了，這項成規是沿襲自戰爭和君王統治。就拿軍隊做例子吧，最上層的是將軍，接著是上校或中校，再來是上尉或中尉，然後是葛瑞中士。大家猜猜看，誰在最下層呢？」

「小兵！（grunt，編者注，美國俚語，軍人的非正式說法，越戰之後漸漸流行。這

圖表2.2　金字塔圖

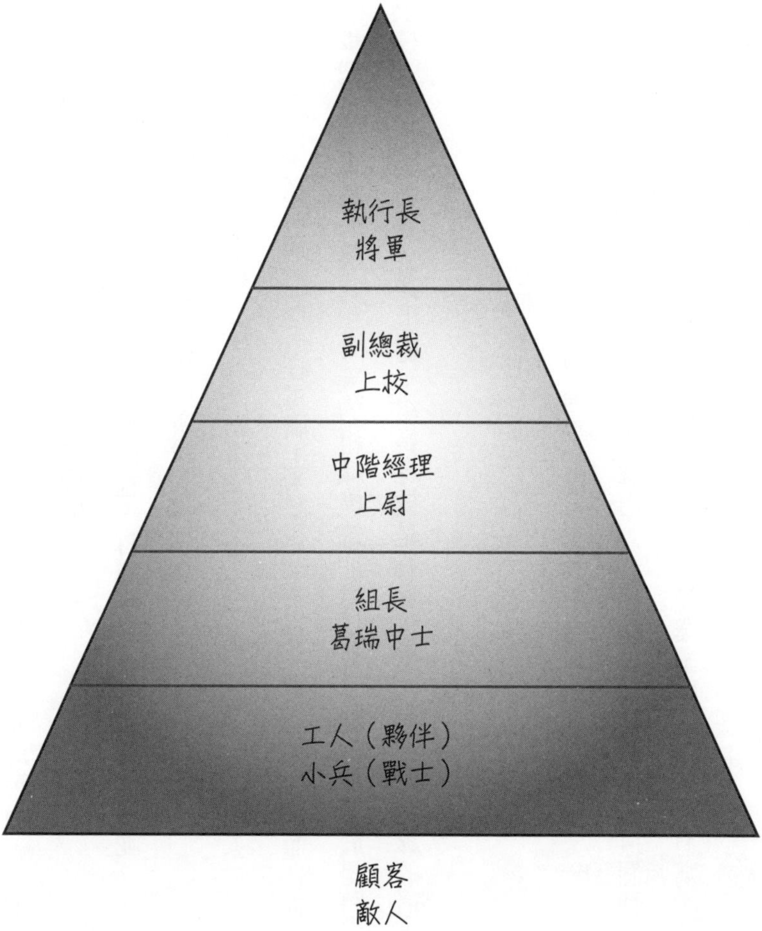

個字的原義是豬所發出的咕嚕聲，有點貶抑、嘲笑的味道。）」葛瑞說道，「前線部隊裡的弟兄愛死了這個稱呼，他們很喜歡被別人這麼叫呢。」

「謝謝你的說明，葛瑞。那麼，在這個圖裡，實際和敵人交手的是誰呢？」西面修士接著問道，「是最上層的將軍，還是葛瑞所說的『小兵』？」

「那還用問，當然是『小兵』囉。」克莉絲答道。

西面修士拿起粉筆在三角形裡，在軍職上方，寫下常見的組織職位，並且說道，「現在我們進一步把這個軍職的模式和今天的組織模式加以比較。執行長等於是將軍；副總裁等於是上校；中階經理等於是上尉；組長等於是葛瑞中士。而一般組織的最下層是誰呢？」

「工人。」有一半的人異口同聲地答道。

「現在可要改口了，」李對大家說道。「現在我們得稱呼他們為夥伴。」

「謝謝你的補充，李，」西面修士微笑說道，「那顧客又應該擺在這個圖表的何處呢？在企業裡，誰最接近顧客呢？是執行長，還是兢兢業業地工作，努力為產品加上價值的人呢？我想答案應該很清楚吧。」

我接著發言，「我的企管顧問總是提醒我，在我們的工廠裡，最接近顧客的就是負責把玻璃打包裝箱的工人。我是說，雖然我很了解顧客，有時也請他們吃飯，但是，對顧客來說，他們最在意的還是打開箱子後，玻璃狀況的好壞。而最後一個摸到玻璃的就是打包裝箱的工人。所以，他們才是最接近顧客的人。」

「沒錯，我老是聽到執行長喊著什麼高處不勝寒、沒人理會他。那還用說，因為別人都忙得不可開交，只有他們成天無所事事。」泰瑞莎冒出幾句批評。

「所以現代的組織圖看起來就像這樣。」西面修士說道。

「這樣的組織模式，對今日的組織經營來說合適嗎？」西面修士問道。

「不管怎樣，這可是最管用的模式！」葛瑞略帶不滿地答道。「喂！我們可是靠這一套才能把敵人打得屁滾尿流的。這一套太有效了！」

「是嗎……」李開始發言，「這套模式之所以流行。是在本世紀（二十世紀）早期我國打贏了幾場重大戰役之後，大家才開始信以為真，以為這套上對下、服從第一、威權式的做事方式，才是成功的捷徑。有些人甚至不由分說，就把它奉為圭臬、不二法門，將之實行到企業、家庭、球隊、教會等其他非軍事組織裡。」

「沒錯，這套軍事管理的方式確實可以打贏戰爭，」西面修士點頭同意，「所以我們打贏了，也自由了，今天我也才能站在這裡。不過話說回來，還記得我所提的那個受虐的小女孩嗎？會不會我們也犯了同樣的錯誤呢？我們會不會也以偏概全，誤以為一套確能成功捍衛國土和子民的管理方式，也能放諸四海皆準？這套模式真的放諸四海皆準嗎？它真的是最好的模式嗎？或許還有其他更好的模式呢？」

「說實話，」李說道，「當我仔細看了您在黑板上所畫的管理模式圖之後，我發現您竟然把顧客和敵人擺在同一個位置上！您該不會真的以為企業都把顧客視為敵人吧？」

「不會吧……起碼企業不會故意這樣看待。」金答道，「但是，在我看來，我倒是很擔心企業要是採用這種上對下的管理模式，會傳達出什麼樣的訊息來。」

「妳為什麼這麼說呢？」我問道。

「因為組織裡的人只會揣摩上意、聽命行事，只會唯老闆是尊，視顧客為敝屣。」金很快地回答。

「金，妳真是觀察入微！」西面修士稱讚她，「沒錯，在上對下的管理模式裡，確實會發生這種現象。如果我跑到你們的組織裡，隨便問個下屬，或是夥伴，或是員工，或是……隨便你們怎麼稱呼啦，問他們誰是他們最想討好的對象，誰是他們應該伺候的人，你想大部分人會怎麼回答？」

我忍不住插嘴回答，「我希望答案是『顧客』，不過，我想他們回答的會是『老闆』。唉，沒錯！我工廠裡的員工十之八九會這麼回答。他們會說：『我就是得伺候老闆讓他爽啊！他爽了，大家才有好日子過啊！』真的很悲哀，不過，這就是真相。」

「約翰，你很坦白。」西面修士說道，「我也是這麼想。今天的組織就像是個食物鏈，人人都只想討好上面的人。但是，要是每個人都只想伺候上面的人，都只想討好上面的人，那誰來理會顧客呢？」

泰瑞莎想了半天，然後慢慢說道，「真是太諷刺了吧，但也很悲哀。對了，會不會這個金字塔式的圖形應該倒過來才對，要不要把顧客的需求擺在最上面啊。這樣會不會好一點？」

「好太多啦，泰瑞莎。」李答道，「要是我們沒把顧客伺候得服服貼貼的，萬一他們不開心，我們就得捲鋪蓋走路，哪有機會在這裡上課啊。」

西面修士走到黑板前，邊拿粉筆邊說，「就照泰瑞莎所說的，這套「上對下」的模式應該倒過來才對。以前管用的模式現在不一定管用。我們可以照泰瑞莎所建議的，把這個三角形倒過來，將顧客擺在最上面。我們剛剛討論過了，最接近顧客的是工人，或者說是夥伴，再來是組長，然後以下類推。好了，新的模式看起來就是這樣。」

西面修士在黑板上畫出了一個新的圖（參見圖表2.3）。

「西面，這根本是天方夜譚！您在鬼扯！」葛瑞說道，「顧客是老大……拜託！這種溫馨動人的高調只是理論啦，放在現實裡，哼！」

「稍安勿躁啊，葛瑞，且聽我慢慢道來。」西面修士說道，「要是有一家企業，確實把顧客當老大，確實全心伺候他們；要是這一家企業確實是倒金字塔式的管理，站在第一線的工人都能全心照顧顧客，竭力達成他們的要求，而下一級的組長也能把第一線的工人當顧客一般，竭力達成他們的要求，再下一級、再下下一級也是這樣……每一層的管理人員都得改造心態，建立新規範，並且體認到，領導並不是高高在上、發號施令，指揮下面的部屬，而是要服侍、伺候、推己及人。聽起來好像很矛盾。我們真能倒過來領導嗎？搞不好倒過來的服務式領導效果更好！」

金忍不住說道，「我不斷向我部門的領導人反映，我告訴他們，他們的工作應該是

圖表2.3　倒金字塔圖

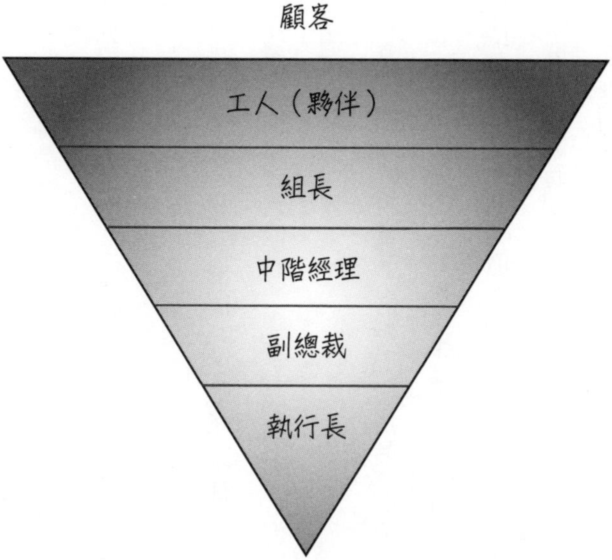

為我們排除各種困難、各種麻煩，好讓我們專心照顧病人。我告訴他們，他們的角色應該要像怪手鋪路機，他們應該為我們清除所有的障礙。西面，如果照你的方式來解釋，為部屬解決困難才算得上是服務式領導。」

「妳說得很對，」李說道，「可惜事實並非如此。絕大多數的主管成天只會忙著製造麻煩，而不是幫忙解決問題。我們以前常說，只會製造麻煩的主管是『海鷗型主管』。他們就像海鷗，只會三不五時前來搗亂一番，在你身邊吵得要命，偷吃你的午餐，然後拍拍屁股飛走。我想各位一定都碰過這種主管。」

「我的主管更過分！」金再次說道，「她說主管本來就應該高高在上啊，好不容易熬到主管了，幹嘛還要在飛機上倒咖啡、在醫院裡幫病人清洗便盆、在學校裡教小孩，或是在馬路上操作起重機呢。主管幹嘛還做這種為產品或服務增加價值的事啊，指揮別人去做就好啦。」

「『高高在上』和『海鷗』，聽起來都很糟糕。」西面修士笑著回應同學的討論，「很多領導人都只想到他們所應享有的權利，但卻忽略了他們所應負起的責任，他們實在不配當領導人啊。」

「就拿磋商工會規章來說吧，」我慢慢地說道，「公司和工會經常為了規章中的『管理權限』一節吵得沒完沒了的。我聽說有一回，在我們關係企業的工會規章磋商會上，一位工會代表忿忿不平地嚷道：『喂，你們是吃定我們啊！怎麼什麼都不放過呢！』」

「午間禮拜的時間到了，」西面修士微笑說道，「總結早上的討論，領導人必須找出並且滿足部屬的基本需求，為他們掃除工作上的障礙。讓他們得以專心地服務顧客。也就是說，領導始於服務。」

「真是天方夜譚！西面，實際點！」葛瑞嘴裡碎碎唸著，起身離開教室。

午餐過後，我打算趁著下午的課開始前，到湖濱走走。葛瑞有意加入，我雖然心裡不願意，但還是客套地說：「當然好啊！」葛瑞中士可是我在這個世界上最不想一起散步的人！

剛開始的幾分鐘我們都沒說話，後來，葛瑞打破沉默問我，「你對西面所說的，威權和威信啦、服侍部屬啦，有什麼看法？」

「現在還說不上來，但我還想聽聽他怎麼說。」我答道。

「我就是沒辦法相信這套大道理在現實世界裡能行得通，簡直是天方夜譚嘛！」

「葛瑞，我也是這麼想。」我同意他的話。

我再度說了違心之言，就在短短五分鐘裡。其實我並不覺得西面修士的話像是天方夜譚，其實我一聽就懂了。

大鐘敲了兩下，下午的上課時間到了。學員都已到齊，大家安靜地坐著。

西面修士還沒說話，葛瑞就搶著問道，「西面，我知道您曾是赫赫有名的領導人，我也很尊敬這點。但是我很難相信，您的成就真的是靠您所說的那一套得來的嗎？您真的認為部屬想要什麼，上面的管理人員都要滿足嗎？請恕我直言，要是拿您那套來領導，只怕部屬會無法無天啦。真實世界可不是你所想的那麼美好啊，竭力滿足部屬的欲望？這一套行不通啦，大哥。」

「對不起，葛瑞，」西面修士開口說道，「可能是我沒解釋清楚，所以你誤會『僕人』的意思了。我是說領導人必須找出並且滿足部屬的基本需求，像僕人般服侍他們：但我說的並不是找出並且滿足部屬的欲望，像奴隸般聽命行事。奴隸是別人說的都得去做，但是僕人卻只做別人需要他去做的。滿足所欲（want）和滿足所需（need）可是天壤之別啊。」

「它們到底有什麼不同？」葛瑞問道，口氣比較緩和了。

西面修士接著說下去，「舉例來說吧，要是為人父母的放任小孩胡作非為、無法無天，有誰願意到他們家裡做客呢？很少吧。因為小孩吵得要命，像是「無政府」狀態！這就是滿足他們的所欲，而非所需。大人和小孩都不能放任不管，總是要有個底線，總是要建立一些規範，大家都得遵守。或許大家都不『想要』遵守規範，但卻『需要』遵守規範。在家裡或是在部門裡，要是沒有紀律，任大家亂來，對誰都沒有好處。領導人不能馬馬虎虎，要全力以赴，要懂得激勵部屬，激勵他們發揮最大的潛能。這可能不是部屬想要的，但是領導人就是要重視部屬的需求，而不是他們的欲望。」

我竟然覺得有話不吐不快，「我工廠裡的員工，老是要求加薪，他們想加到一個小時二十美元！要是照辦，不出幾個月工廠一定關門大吉。因為競爭對手賣的玻璃鐵定比我們的便宜。所以，到頭來，我們或許滿足了員工的欲望，給他們加了薪，但我們卻無法滿足他們的需求，我們無法長期雇用他們。」

葛瑞也跟著發言，「沒錯，我最看不慣那些政客，老是根據最近的蓋洛普民意調查來制定他們的政見。他們只會滿足選民所想要的，但卻沒想過選民所需要的。」

「但是到底要怎麼區分『所欲』和『所需』呢？」金問道。

「所欲，」西面修士解釋道，「不過是渴望或是欲望，和身心要求無關。另一方面，所需，則是人類為了更美好的生活，所追求的身心條件。」

「這樣的解釋不是很狡猾嗎？」金問道，「畢竟，每個人都不一樣，所以，很自然的，每個人的需求也各不相同。不過，當然還是有些需求——例如受人尊敬——是放諸四海皆準的啦。」

「說得好，金。」我立刻脫口而出，「我的兒子——小約翰——很有企圖心、個性很強，而女兒莎拉卻很溫順、隨和。他們的需求自然有所不同，而我們做父母的就得採取不同的管教方式，來滿足他們個別的需求。同樣的道理也可以運用到職場上。新進人員的需求當然和任職長達二十年的資深員工不能相比，資深員工對工作的熟悉與經驗可是連我都比不上的！不同的人就有不同的需求，我想領導人處事就得很有彈性才行。」

西面修士進一步說明，「好吧，如果領導人的職責就是要找出並且滿足部屬的基本需求，那麼，他們就應該經常反省他們的部屬到底需要些什麼？我要請各位想想這個問題：我希望你們想想，你們所帶領的人，無論你所帶領的是家人、教會裡的信徒、還是學校裡的學生……他們的需求是什麼？請各位把他們的需求列出來。萬一各位一時想不出來，不妨試著反問自己：『我』有哪些需求？這可以幫你順利想下去。」

葛瑞說道：「好吧……開起重機的老王需要一台運作良好的機器、好用的工具、適當的訓練、該搬運的貨品、合理的酬勞、還有安全的工作環境。這樣他就會很滿意了。」

西面修士答道，「你開始進入狀況囉，葛瑞。你確實說中了老王生理上的需求，但是別忘了老王也有心理上的需求啊。他會有哪些心理上的需求呢？」

金站起來走到黑板前，拿起粉筆畫了另外一個金字塔圖。她真是我們這一期學員裡最出色的一個。

金開口說道，「唉，真沒想到我竟然敢跑上來畫這個圖。不過，我只是遵照西面所說的話，要是覺得有話不吐不快時就要趕緊說出來！」

「喲！妳可真是老師的乖寶寶啊！」我朝她喊道。

「喂，約翰，真是夠了哦！這對我可是很困難的事。」她也喊回來，臉上有點笑意，「我在大學時曾經上過心理學，課上曾經講到馬斯洛（Abraham Maslow）的人性需求層次理論。我依稀記得這個圖分成了五等分，最底層是食物、水和居所，再來是安全感和保障，然後一直排上去。」（參見圖表2.4）

圖表2.4　馬斯洛人性需求層次圖

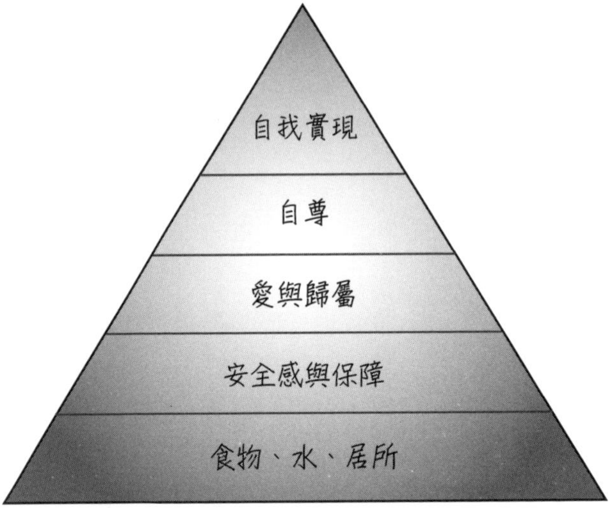

金走回座位，接著說道：「我要是沒記錯的話，要先滿足下層需求之後，才談得上上層需求。以最下面一層的需求來說，我想合理的薪資與福利就可以滿足食物、水、居所這些基本的生理需求了。往上一層是安全感與保障需求，如果拿職場來說的話，要滿足這些需求就得提供安全的工作環境，再加上適度的規範和標準，這是西面剛剛才說的，這樣一來，員工就能感受到一致性（consistency）和可預測性（predictability）。馬斯洛認為，一致性和可預測性是滿足安全感和保障需求最重要的條件。就我所知，馬斯洛並不贊成放任不管的教養方式。」

「接著說下去，金。」泰瑞莎鼓勵她，「妳說得很好！」

金開心地笑了笑，隨即說道：「因此，當最基本的兩層需求得到滿足之後，愛與歸屬感等需求就成了最新追求的動機，這些需求包括了為健全的團體所接納，並且與之建立良好的人際關係。一旦這一層次的需求得到滿足之後，再上一層的需求就是自尊需求，這些需求包括了為人所看重、尊敬、肯定、鼓勵，以及得到認可與回報等等。」

「是啊，這樣一來，大家都會變得既溫柔又可人了！」葛瑞嘲笑地說道。

「接著，」金笑著繼續說道，「一旦下面四層需求都得到滿足之後，最上面一層的需求就是自我實現，這是最難解釋的一個需求。不過，依我個人的淺見，所謂的自我實現就是盡力發揮自己最大的潛能。不是每個人都可以當上總裁的，但卻可以成為最棒的員工、球員或是學生。要是我沒誤解西面的說法，領導人就是要能激勵部屬發揮他們最大的才能。就拿開起重機的老王來說吧，他可能一輩子都當不了公司的總裁，但卻可以在適當的激勵下，成為最出色的起重機司機。」

「發揮最大的潛能……聽起來不是很耳熟嗎，小葛瑞啊？」李戲謔地說道，「這不就是那首成天在電視上播個不停，聽到大家都快瘋掉的陸軍招募廣告歌嗎？我們大家一起為葛瑞獻唱吧！」

下課時，大家故意操著行軍步伐，大聲唱著這首廣告歌，跨出教室。

The Servant

A Simple Story About the True Essence of Leadership

第3天 領導表率

你們當中誰要做大人物，誰就得做你們的僕人；誰要居首，誰就得做大眾的奴僕。

——耶穌基督（引自〈馬太福音〉第二十章二十六至二十七節）

了。

星期二清早，五點過了幾分，我才踏進教堂，就看到西面修士已經坐在位子上等我

「早啊，約翰。」他愉快地招呼我。

「很抱歉我來晚了，」我答道，卻掩不住睡意。「您看起來真是神清氣爽，您通常是幾點起床啊？」

「除了星期天以外，我都在凌晨的三點四十五分起床，好讓我有時間在第一場禮拜前，靜下來想想。」

「天啊！您未免起得太早了！」我搖頭嘆道。

「約翰，這兩天你學到了什麼啊？」

「還說不上來，西面。不過，我實在是越來越討厭葛瑞了，而且他常吵得我無法專心聽講。他怎麼對什麼事都有意見！是不是中了軍事訓練的毒太深啊！您幹嘛縱容他擾亂上課秩序，怎麼不叫他乖一點，要不然就直接叫他滾蛋算了！」

「我可是很高興班上有葛瑞這樣的人啊。」

「您真的『很高興』班上有這樣的人？」我不敢置信。

「沒錯！我以前得過教訓，所以學會了尊重不同的意見。我曾經當過一家金屬錫箔製造商的副總裁，那時候我是極端的Y理論（相信人性本善的管理理論）的信徒，是那種大伙兒手牽手、一起找些樂子型的領導人。但是其他幾位副總裁，哦，直到今天我都還記得很清楚，比方說傑伊和肯尼，他們是極端的X理論（認為人性本惡的管理理論）的信徒，認為員工都懶得要命，又很狡詐，要是不抽幾個鞭子，是不會乖乖工作的。」

「就和葛瑞一樣嗎？」

「我不知道葛瑞是不是這樣……不過，約翰，凡事不能只看表面，千萬別匆促妄下斷言。再說葛瑞現在並不在場，不能為他自己辯護。我會非常注意，不在別人的背後議論是非。」

「我以後一定改進。」我點頭說道。

「我覺得我們應該要『己所不欲，勿施於人』啦。我們也都不希望別人在背後批評我們啊，對不對？」

「您說得很對，西面。」

「回到剛才的話題吧。當時我得和其他副總裁一起參加經營會議，但是我經常和他們吵起來，只要一談到和員工權益有關的議題。傑伊和肯尼這兩位老兄老是要推動更嚴苛的政策和規章，而我總是鼓吹更民主、更開放的管理方式。我始終認為，以他倆那套頑固落伍的『恐龍式』作為，早晚會斷送公司的前途。不過，話說回來，他們也認為我是濫好人一個，有一天會毀了這家公司。我的老闆比爾，他是公司的總裁也是我的好朋友，經常要調停我們之間的爭端，我們有時候吵得可激烈了。他有時候會站在他們那一邊，有時候則會站在我這一邊。」

「他真可憐，兩面不討好啊！」我感慨道。

「並不盡然，」西面修士很快地說道。「比爾的立場一向很堅定，他很清楚企業的需求。記得有一次，我們剛開完一場特別火爆的會議，我氣得把比爾拉到一邊，問他：『你幹嘛不開除那兩個白痴啊，要不然我們怎麼開始討論議題呢！』我永遠也忘不了他的回答。」

「他答應開除他們？」

「正好相反，約翰。他告訴我，開除他們將是公司所犯的最大錯誤。我當然要問他原因何在，結果，他深深地望著我，然後說道：『雷奧，理由很簡單。要是任你一意孤行，就會葬送公司的未來。這些傢伙的反對意見可以牽制你，讓你清醒一點。』我聽完簡直氣壞了，接著就和比爾冷戰了一個星期。」

「套句您昨天說的話，西面。比爾給了您需要的，而不是您想要的，對不對？」

西面修士點頭說道，「等我撫平受傷的情緒之後，我才明白比爾說得很對。儘管我和傑伊、肯尼經常爭得面紅耳赤的，我們最後得出的結論是經過妥協之後的結果。但奇怪的是，這些結論的效果卻出奇得好。比爾說得沒錯，我確實需要他倆，而他倆也需要我。」

「我現在的老闆也很有智慧。他總是提醒我和其他經理，千萬要當心身邊是不是充斥著唯唯諾諾的員工，或是想法和我們一樣的員工。他老是說：『要是你和手下的員工開會，與會的十個人意見都一樣，這也就是說，其中有九個人可能是多餘的。』」

「他說得很對啊，約翰。」

「是啊，我也是這麼認為。對了，關於和您共進早餐的事怎麼樣了？」

「很遺憾，答案是不可以。昨晚院長來我房裡找我，他告訴我他否決了你的請求。」

「您非得得到他的『批准』嗎，不過就是吃頓飯嘛？」我諷刺地問道，心裡有點難過。

「是的，我在星期天早上已經說過了，我們都得在特定的區域裡吃飯。要是想到別的地方吃飯，就要得到批准。我問過詹姆士院長，而他拒絕了，我想他一定有很充分的理由吧。」

我曾在星期一下午的休息時間見過院長一面，當時我正在閒逛。客氣一點說吧，他實在很不起眼。雖然他是由全體僧侶推選出來的，擔任院長少說也超過二十年了，但是他看起來又老又沒精神，老得像人瑞似的！霍夫曼幹嘛非得畢恭畢敬地向這位老得快升天的老人家，求他批准和我一起吃早飯呢？而且他竟然還否決掉了！我真是搞不懂，不過就是吃頓早飯嘛！老實說，我只要一想到未來四天都得摸黑起床，就感到痛苦不堪！

我可憐兮兮地問道，「千萬別誤會我的意思，不過，您難道不覺得，連跟我吃頓飯都得得到批准，有點蠢嗎？」

「剛開始時我確實會這麼想，」西面修士答道，「但我現在就不會了。有時候，服從確實可以治好我們過剩的自我和驕傲。說實話，自我和驕傲可是我們成長的最大障礙。」

「我明白了。」我點頭稱是，但我其實聽得滿頭霧水，根本不知道他在說什麼。

九點的鐘聲剛響起，泰瑞莎立刻舉手發問。

「泰瑞莎，請說吧。」西面修士說道，「在這麼美好的早晨，妳想問些什麼呢？」

「昨天吃晚飯時，我們討論到誰才是有史以來最偉大的領導人，我們討論得十分熱烈。雖然我們提出了很多人，但卻沒有哪一位得到全體通過。西面，您認為誰是有史以來最偉大的領導人呢？」

「耶穌基督。」不愧是標準答案！

我四下望了望，看到葛瑞很不以為然地翻了翻白眼，還有一、兩位學員看起來也不太自在。

泰瑞莎繼續說道，「因為您是基督徒，又住在修道院裡，當然會認為耶穌基督是一個好領導人囉。」

「妳錯了，耶穌基督並不是『好』領導人，而是『有史以來最偉大的』領導人。」西面修士再次強調說道，「我的理由很充分，足以說服各位，這些理由可是很實際的。」

「哦，拜託！我們可不可以別扯到耶穌啊！」葛瑞突然冒出話來，「我可不是來聽道的，我是來……不，應該說我是被踢來上領導課的啊。」

「容我插個嘴。葛瑞，你怎麼還沒開竅啊！」我忍不住說道。

西面修士問道，「葛瑞，你同意我們兩天前為領導所做的解釋嗎？」

「我當然同意，我還提供了不少意見呢。」

「沒錯，你確實提供了很多意見，葛瑞。我們當時都同意，所謂的領導，是一種技能，用來影響別人，讓他們全心投入，為達成共同目標奮戰不懈。我說得沒錯吧？」

「正是如此。」

「好吧，那就這樣說吧，就我所知，還沒有哪個人，不管是還活著或已經死了，能夠比耶穌基督更能體現我們先前對領導所做的解釋。今天，全球有超過二十億的人口，占了全世界的三分之一，信仰耶穌基督。全球第二大的宗教——回教——擁有的信徒遠不及基督教的一半。我國最重要的兩大節日，聖誕節和復活節，都和祂的生平有關，更別說我們的紀年可是從祂誕生的那一年開始算起，到現在都快兩千年了。不管你信仰的是佛教、印度教，或是什麼新興教派，甚至是個無神論者，你都不能否認耶穌基督從古至今已經影響了好幾十億人。這樣的例子到現在還找不出第二個吧。」

「我好像懂了……」

「那麼您又如何解釋耶穌基督的管理模式，哦，對不起，應該說是領導風格吧？」金問道。

李突然叫道，「哦，我剛剛突然得到了一些『天啟』，覺得不吐不快！要是我沒記錯的話，耶穌曾經提過，『誰要居首，誰就得做大眾的奴僕。』我想祂的風格或許可以稱之為僕人式領導吧。大家可別忘了，耶穌可不是利用威權來領導的，因為祂從未擁有過威權！希律王、彼拉多總督、羅馬人，他們才擁有威權。但是，耶穌卻擁有無與倫比的影響力，就是西面所說的威信，祂甚至影響了今天的人。祂從來不曾仗恃過威權，不曾強迫或是逼迫誰聽他的話！」

「西面，我真的很想了解為什麼您會是這麼成功的領導人，」克莉絲問道，「您可以說明一下您的領導風格嗎，西面？」

「我必須承認我都是抄耶穌的，不過我很樂意與你們分享。因為我是免費得到的，所以我也要免費傳出去。」西面修士露出笑容說道。

西面修士走到黑板前，畫了一個倒金字塔型，把它分成五等分。他在最上面一層寫上「領導」兩個字，接著開口說道，「因為領導是我們追求的目標，所以我把它放在最上面。這個倒金字塔圖代表了僕人式領導的模式。嗯……葛瑞，你可不可以再告訴我們一次，關於領導的解釋。」（參見圖表3.1）

「一種技能，」葛瑞背了一遍，「用來影響別人，讓他們全心投入，為達成共同目標奮戰不懈。我記得可清楚了。」

「謝謝你，葛瑞。如果領導要能穿越時間與空間的重重考驗，就必須建立在威信上。」西面修士一邊說，一邊走到黑板前。

「我前天曾經說過，」他繼續說道，「行使威權或可收一時之效，但是長久下來，彼此之間的關係卻會惡化，緊接著，影響力也會蕩然無存。大家還記得我們是怎麼解釋威信的嗎？」

金連筆記都沒翻開就答道，「威信是一種技能，運用影響力，讓別人心甘情願地照著你的決心行事。」

「正是這樣。謝謝你，金。那麼，我們應該如何培養對別人的影響力呢？我們應該

圖表3.1　領導模式圖

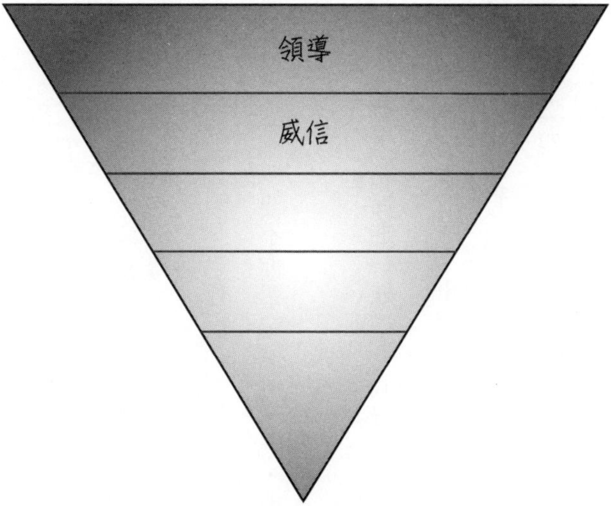

如何讓別人樂於為我們效勞呢？我們又應該如何讓別人身受感召並且熱情參與呢？威信是建立在什麼之上呢？」

「耶穌曾經說過，所謂的影響力，或是領導，是建立在奉獻之上。」李答道，「前天上課的時候，我們曾經討論到在我們的一生中，誰對我們最有影響力、最有威信。我選的是我第一個老闆，她也是我的啟蒙恩師。她真的很關心我，也很關心我未來事業的發展，我覺得她關心我真的遠超過她自己。西面，真的很像您說的那樣，她甚至在我還沒發現自己的需求之前，就設法先滿足了它們！她服侍了我，但我一點也沒察覺到……」

「謝謝你的分享，李。我想你說到了重點。威信始終是建立在犧牲奉獻上。事實上各位不妨回想一下，你們先前選出最有威信的人物，是不是或多或少都對各位做出了犧牲奉獻。」

我頓時想起了我的母親。

「但是，西面，說句老實話。或許你沒留意，不過這個世界畢竟是威權的天下。」葛瑞相當堅持地說，「要不你舉幾個例子吧，舉些真的只靠奉獻、犧牲、影響力，很快就把事情搞定的人？」

「這麼說來，耶穌基督就是一個很好的例子啊。」李先說話了，「祂沒靠半點威權，只靠影響力，就改變了整個世界。事實上，我最近才剛佈過道，耶穌曾經說過：『我若從地上被舉起來，就要吸引萬人來歸我。』（〈約翰福音〉十二章三十二節）祂說的當然就是祂被釘在十字架上的犧牲。而祂確實拯救了很多人，因為祂這樣的自我犧牲。」

「拜託！別傳教啦。」葛瑞氣得打斷，「別老提幾千年前的事，我要的是發生在現實世界裡的例子！」

「好吧，那我們找些二十世紀的例子好了，」西面修士說道，「不是有位小個子印度人，不靠威權，只憑威信，就完成了好幾項成就嗎？」

「啊！您說的是聖雄甘地吧，」泰瑞莎答道，「沒錯，他也是沒有半點威權！身高不滿五呎，體重不過一百磅，但卻無損他的偉大。當時印度的人口雖有三億，卻是個飽受壓迫的國家，早已淪為大英帝國的殖民地。甘地平靜地陳述他將帶領印度脫離英國的統治而獨立，但絕不訴諸武力。當時幾乎所有人都嘲笑他是自不量力，不過，他還是辦到了。」

「他是怎麼辦到的？」葛瑞問道。

「甘地深知他必須先引起國際社會的注意，讓世人知道印度所遭受的不公平對待。他告訴追隨他的信眾，追求自由的過程中免不了有所犧牲，然而，透過他們的犧牲，將可換來世人更多的關注。他還告訴信眾，他們必得忍受非暴力的不反抗運動所帶來的折磨和痛苦，這些折磨和痛苦與一般戰爭無異。但是他們不能輸。為了追求國家獨立，甘地以身作則做出了重大犧牲。他屢次被毒打、下獄，甚至絕食了好幾次，藉以提高世人對印度情況更進一步的注意。一九四七年，大英帝國終於妥協，決定讓印度獨立，甘地更在倫敦市區受到英雄式的熱烈歡迎。甘地不費一兵一卒，沒有使用暴力，更沒行使威權，他的成功全靠個人的影響力……」

「還有黑人民權領袖馬丁路德．金恩（Martin Luther King），」克莉絲插話說道，「我在研究所時曾經寫過關於金恩博士的論文。很少人知道金恩博士在五〇年代晚期，曾經去過印度，他到那裡研究甘地的抗爭手法。我想這應該對他在六〇年代早期所帶領的黑人民權運動啟發很大吧。」

「六〇年代早期我還在學走路呢，」金加入討論，「我聽說那時候，南方各州的黑人，搭公車必須坐在後排座位，上館子只能坐在指定區域，這還得餐廳願意招待他們呢！比這更侮蔑人的做法真是不勝枚舉。真難想像我們這個國家竟曾發生過這麼可笑的種族歧視！」

葛瑞慢慢說道，「南北戰爭不都結束一百多年了！想想這場戰爭吧，美國人打美國人……不管你們相不相信，在南北戰爭中所死傷的美國人，比我們和外國打仗時所死傷的還要慘重！」

金說道，「就算這場戰爭流了無數血，造成不少生靈塗炭，但還是未能根除百年以來

的種族歧視。如果有個白人上了一輛公車，車上的座位都已坐滿，黑人還是得起身讓座，乖乖站到一邊……」

克莉絲繼續說道，「金恩博士很明白自己並沒有什麼威權可以扭轉這樣的局面。不過，他決定效法甘地，他相信透過犧牲甚至是受難，一定可以喚起國人對黑人遭受不公平對待的關注。當時，有些人則決定採取以暴制暴的抗爭手段，像是麥爾坎X（Malcolm X）、黑豹黨人之類的。然而，威權只會遭致更多威權報復。當這些黑人決定要採取暴力以對抗白人時，白人就以更多暴力反擊回去……不過，金恩博士卻以其睿智表示，不須訴諸武力，他就可以推動黑人民權法案。當然，他也惹來很多訕笑。」

泰瑞莎說道，「金恩博士選擇的是一條很辛苦的道路。他面臨無數次的性命威脅，家人也受到波及。為了不反抗運動，他入獄了好幾次，他家以及教堂都被丟過燃燒彈呢。」

「不過，金恩博士和他所推動的黑人民權運動，反而在短短的幾年裡，就風起雲湧、卓然有成，」克莉絲又忍不住插嘴說道，「他不但是諾貝爾和平獎有史以來最年輕的得主，還曾經當選《時代》雜誌的年度風雲人物，他可是第一位獲此殊榮的非裔美國人。接著，民權立法運動如火如荼地展開，一九六四年，民權法案終於通過了，一直沿用至今。

爾後，在第二十四屆的修憲大會中，廢除了黑人的投票附加稅（Poll taxes for voting）。而在聯邦投票權法案（Federal Voting Rights Act）通過之後，也取消了黑人所要接受的語文測驗。如今，黑人也可以被指派為美國最高法院的大法官了。」

金連忙說道，「而黑人再也不會只能坐在公車的後排座位，或是只能在餐廳的指定區域用餐。金恩博士竟然不靠威權就完成這麼偉大的志業，著實令人佩服啊。」

整間教室裡沉默了幾分鐘，李緩緩說道，「我突然想起來，電視名嘴強尼．卡森（Johnny Carson）曾經說過，在這個世界上，只有一個人，他再怎樣也不敢拿來開玩笑。他說的那個人，就是生前以加爾各答為服務據點的德蕾莎修女（Mother Teresa）。因為，就算他膽敢拿德蕾莎修女開玩笑，也沒人會笑。我想請教各位，為什麼沒人會笑呢？」

克莉絲答道，「我想，這應該跟德蕾莎修女遍及海內外無與倫比的崇高影響力，脫不了關係吧。」

「那麼，妳認為她的威信是怎麼來的呢？」李接著問道。

「因為真心奉獻。」金不假思索地答道。

我覺得有話非說不可，「就像孩子對母親產生的孺慕之情吧。『媽媽永遠不會做錯事！』要是隨便侮辱別人的母親，下場可是很慘的。我媽要是還在世，我絕對會不計一切、費心孝敬她老人家的。要是我說得沒錯，我媽所散發出來的影響力，是來自她真心的付出。」

下午上課的鐘聲都還沒響起，葛瑞又舉手搶著發問了，「好吧，現在我已經了解威信，或者說是影響力，是建立在為他人的犧牲奉獻上。但是，這一套又該怎麼應用到職場或是家庭裡？我該怎麼做？難不成我得訂出犧牲作息表，每天中午斷食，照顧附近的痲瘋病患，然後上市政廳靜坐抗議？很抱歉，但我實在看不出這一套能怎麼用在現實世界裡！」

「謝謝你告訴我你的懷疑，葛瑞。」西面修士答道，「要是你會這麼懷疑，我想其他人也會。早上上課的時候，我們舉了幾個歷史上的名人當例子來說明威信的效力。不過，只要我們願意為別人犧牲奉獻，我們就能擁有威信。大家沒有忘記吧，領導是建立在奉獻之上，也就是說，要找出並且滿足對方的基本需求。為了要滿足對方的需求，我們經常得做出相當程度的犧牲。」

「您說得很對，西面。」泰瑞莎附和道，「威信確實是建立在犧牲奉獻之上。這就像我們早已耳熟能詳的道理：『要怎麼收穫，先那麼栽。』你為我奉獻，所以我也為你奉獻。你肯為我赴湯蹈火，我當然也會為你赴湯蹈火。我是說，不就是這樣嗎？當我們受人恩惠，我們怎麼可能會不懂得感激，不懂得湧泉以報呢？這可不是什麼高深的理論，也不是什麼新鮮的說法，就只是自然而然啊。」

西面修士走向黑板，然後說道，「你聽明白了嗎，葛瑞？」

「還是不怎麼明白。不過，您再接著說下去吧，我倒要看看您怎麼自圓其說！」葛瑞尖酸地回答。

西面修士指著他在黑板上所畫的圖（參見圖表3.2）。

「總而言之，我們已經說過影響深遠的領導是建立在威信之上；而威信則是建立在為你所帶領的人犧牲奉獻之上，而所謂的犧牲奉獻指的就是找出並且滿足那些人的基本需求。好吧，既然如此，那麼犧牲奉獻又應該建立在什麼之上呢？」

「盡心盡力。」李主動答道。

圖表3.2　領導模式圖

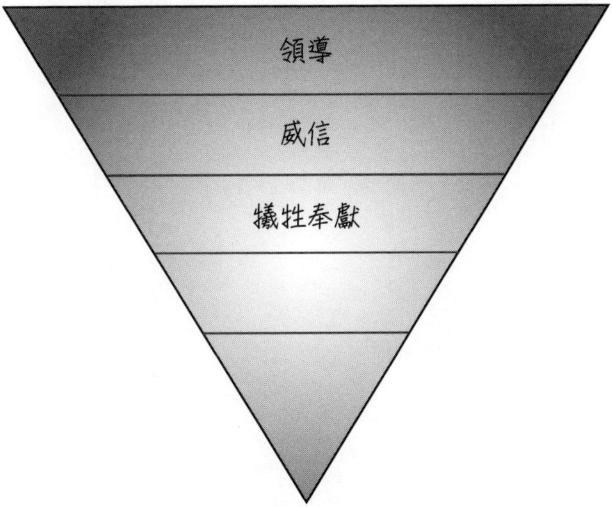

「答對了，」西面修士微笑稱許道，「不過，如果各位不反對的話，我會比較喜歡用『愛』這個字來稱呼。」

我以為葛瑞一聽到「愛」這個字，就會當場抓狂，揚長而去，但他卻一句話也沒有說。

不過，倒是有些人感到局促不安，有點坐不住似的，所以，我想我應該幫他們問這個問題，「哦，對不起，西面，但是您為什麼要把『愛』拿進來談呢！」

「是啊，」克莉絲附和我，跟著說道，「蒂娜·透納（Tina Turner）不是曾經在她的歌裡問過『愛有何用』

（What's love got to do with it?）嗎？」

西面修士不動聲色繼續說道，「我們之所以一提到這個字就渾身不自在，特別是在將它用到職場上時，原因出在我們一直以為『愛』只是一種感覺。不過，我所說的『愛』，並不是一種感覺。明天，我將花許多時間和各位好好談談這個非常重要的字眼。而現在，我只簡單地告訴你們，我所說的『愛』是一個動詞，指的是行為，它不是名詞，不是一種感覺。」

泰瑞莎問道，「所以，您是認為『愛就是愛的行為』囉？」

「說得好！泰瑞莎。」西面修士稱讚她，「妳所做的解釋就借我用用吧。沒錯，『愛就是愛的行為』！」

「那麼，『愛』又是建立在什麼之上呢？」葛瑞諷刺地說道，「我可是等不及聽您怎麼說呢！」

西面修士走回黑板，寫下兩個字：

決心

「愛是建立在決心之上。而決心又是什麼呢？我將引用肯・布蘭查（**Ken Blanchard**）在他的經典著作《一分鐘經理人》（*The One Minute Manager*）裡所做的解釋，為大家說明。先說這個公式的前半吧，你們準備好了嗎？」

「早就等不及了！」葛瑞很不耐煩地說道。

西面修士走到黑板前寫下：

意圖－行動＝空想

「意圖減去行動等於空想。再好的意圖要是少了行動配合，終究只是一場空。」西面修士解釋。

李接著說道，「我經常告誡我教區裡的信徒，通往地獄之路是由善意鋪成的。」

幸好，老愛唱反調的葛瑞中士什麼話也沒說。

西面修士繼續說道，「在我的事業生涯中，曾經不止一次聽到有人高談員工是公司最重要的資產。但是，他們說的是一套，做的又是另一套。我想他們的所作所為顯示的才是他們對員工的真正看法。隨著年歲的增長，我越來越不相信別人嘴巴上所說的，我寧願看他到底做了什麼。只會耍嘴皮子的人沒什麼了不起，漂亮話誰都會說。只有透過行動，我們才能真正了解一個人。」

「西面，我從剛才就一直在想，」克莉絲開口說道，「我們今天在這裡上課，就好像是站在山頂上，四周的風景很美，我們手牽手，甚至還唱著歌。我們在山上大談理論，但是我們很快就得回到山腳下。但在山腳下，四周的景致一點也不美好。要把我們所談的理論用在山腳下，可不是件容易的事啊！」

「非常正確，克莉絲。」西面修士說道，「要做到真正的領導確實很困難，甚至得全心全意投入才行。不過，我想你應該會同意，意圖要是沒有行動配合的話，可是一點用處也沒有。這也就是為什麼我會把『決心』放在圖的最下端。我先寫下公式的後半吧。」

意圖＋行動＝決心

西面修士繼續說道，「意圖加上行動等於決心。唯有意圖加上行動，我們才算是說到

圖表3.3　領導模式圖

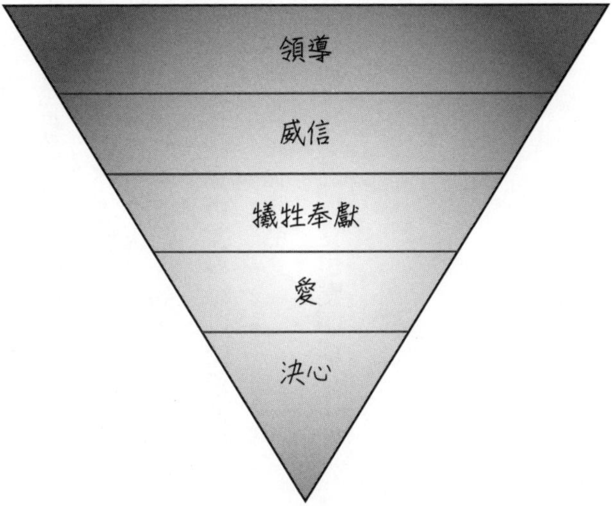

做到的人，才算是說到做到的領導人。所以，我們現在就可以把僕人式領導的模式圖給完成了。」（參見圖表3.3）

教室裡安靜了一兩分鐘之後，金率先打破了沉默，說道，「我來試試總結我所學到的心得吧，西面。領導始於決心，這是人類最獨特的能力，連結了意圖和行動，進而推動了我們的行為。只要我們擁有決心，我們就可以去關愛別人，這個愛是動詞的愛，愛能讓我們找出並且滿足我們所帶領的人的基本需求。滿足他們的所需，而非所欲。為了滿足他們的需求，我們自然就要犧牲奉獻。一旦我們能為別人犧牲奉獻，我們就能建立威信，或者說是影響力。就像泰瑞莎所說的『要怎麼收穫，先那麼栽』。直到建立威信，我們才算是貨真價實的領導人。」

金的聰慧真教我刮目相看。

「金，真謝謝妳。」西面修士說道，「妳說得真是再貼切不過了。誰是最偉大的領導人？就是那個犧牲奉獻最多的！這似乎很自相矛盾呢。」

「不過，我倒覺得領導可以簡單地用一句話來說明呢，」泰瑞莎急切地說道，「領導就是找出並且滿足需求啊！」

就連最難搞的葛瑞竟也點頭稱是。

第4天 愛是動詞

The Servant

A Simple Story About the True Essence of Leadership

我用不著喜歡我的球員或是助手。但是，身為領導人，我非得愛他們不可。愛是忠誠，是團隊合作，是尊重每個人。「愛」，是組織最強大的力量。

——文斯・隆巴迪（Vince Lombardi，美國超級杯足球賽第一、二屆冠軍隊的教練）

現在不過是星期三的清晨四點，但我卻早已清醒，躺在床上盯著天花板發呆。這個星期轉眼過了一半，我卻覺得自己好像才初來乍到。除了葛瑞老是吵得我無法專心聽講之外，我發現這個班上真是臥虎藏龍。學員都有兩把刷子，上課的內容非常充實、有趣。哦，還有，這裡的環境真是優美，飯菜也好吃極了。

我對西面修士的印象最為深刻。他真是個帶領小組討論的高手，很擅長從學員所說的話裡，進一步萃取出智慧來。我們討論的道理，看起來是簡單到連三歲小孩都能聽懂，然而，實際上卻很深奧，導致我經常想得晚上睡不著覺。

每次我和西面修士談話的時候，他總是很專心地聽我說話，他的態度讓我感到備受尊重。他很擅長解讀情況，總能撥開重重迷霧，直指問題核心。面對別人的質疑，他從不翻臉。而且，我確信他是我所見過最可靠的一個人。我很感激他始終沒有對我強迫推銷宗教或是其他信念，不過，他也不是那種沒有立場的人，我很清楚他對事情抱持的態度。他很有親和力，很容易讓人放下戒心。他的笑容溫暖、雋永，眼睛裡閃著光輝，一看就知道他的心裡充滿了喜樂。

然而，我到底能從西面修士身上學到什麼呢？我縈繞不去的夢境依然困擾著我：「去找西面！去接受他的教誨！」我之所以來到此地，是否還有更重大的理由或目的？蕾秋和西面修士都認為應該是有的。好吧，就算真有其他理由，那個理由又是什麼呢？

我在這裡的時間所剩不多了，為了找到這個理由，我得加足馬力，努力汲取西面修士的智慧。

星期三清晨，我在四點五十分就到教堂了，不過，西面修士更早就到了。他的雙眼閉著，似乎處在冥想之中，於是我靜悄悄地走到他身旁，找了一把椅子坐下來。雖然只是靜靜地坐在他身邊，但我卻絲毫不覺得不自在。

過了幾分鐘，西面修士終於睜開眼睛轉過頭來，「約翰，這幾天你學到什麼啊？」

我有好多事想說，第一件是，「我很喜歡您昨天所畫的領導模式圖，真是棒透了。」

「不過，那些想法和那個模式可不是我想的，」西面修士指正我，「我是從耶穌基督那裡借來的。」

「哦，是啊，是耶穌的教誨，」我頓時覺得坐立難安，「嗯……西面，您應該看得出來，我沒什麼宗教慧根吧。」

「你怎麼可能沒有呢。」他輕輕地說著，彷彿很理所當然。

「西面，您根本不了解我，怎能這麼肯定呢？」

「約翰，因為每個人都有信仰啊。我們或多或少都抱持著某種信念，對於因果、自然，以及宇宙的目的。信仰就像是一張地圖，它是一套模式，或是一些信念，用來回答最為複雜難懂的存在問題。這些問題包括了：宇宙是如何生成的？這個世界究竟是善意的還是惡意的？『我』從何而來？宇宙是無目的的或蘊含更高目的？死後還有另外一個世界嗎？我想我們或多或少都想過這些問題，只不過有些人想得更多一些。就算是無神論者也是有信仰的人，因為他們對這些問題也提出了回答，只不過他們的答案是『沒有神在其中』。」

「我好像沒有花過多少時間來思考靈性層面上的問題。我只是跟著別人一起上我們當地的路德教會，然後假定他們所說的都是對的。」

「約翰，你還記得我們上課所說的嗎。生命是彼此相關的，往上延伸到神的居所，左右延伸到我們周遭的鄰人。我們都要對這些關係做出決定。我們不用透過其他人灌輸給我們的教條或是宗教，才能和神發展或是維繫關係，關係是靠我們自己來發展和維繫的。關係要想有所成長並且成熟，就必須小心發展、小心呵護。我們必須自己作主，自己決定應該要相信些什麼，自己決定應該怎麼看待這些信念。不是有人說過，我們都得自己面對信仰，就像我們都只能自己面對死亡一般。」

「可是西面，您怎麼會知道自己應該相信些什麼？您又怎麼會知道什麼才是真理？在這個世界上，宗教和信仰太過氾濫了！」

「若是你一心追尋真理，約翰，我想你會找到答案的。」

九點的鐘聲一響，西面修士就開始上課，「昨天我已經告訴各位了，我們今天要上的課是『愛』。我想在座的學員有人不太滿意今天所要討論的主題。」

我望了望葛瑞，其實有點期待看到他會不會突然「自發性地人體燃燒」（**Spontaneous human combustion**）。可惜的是，他的身上連點煙或是火都沒冒出來。

沉默了一會之後，西面修士繼續說道，「克莉絲昨天曾經問道，『愛有何用？』如

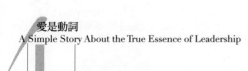

果各位打算把領導、威信、奉獻、犧牲給弄明白的話，最好要搞清楚『愛』這個重要的字眼。我初次了解愛這個字的真義是在好幾年前，當時我還在上大學。你們大概想不到，我當年唸的可是哲學，我是一個不折不扣的無神論者呢。」

「我真是受夠了，」葛瑞終於冒煙了，「虔誠的僧侶是個無神論者！您在鬼扯啊，修士大哥！」

西面修士大笑，然後答道，「葛瑞，我研究過所有偉大的宗教，但它們全都無法說服我。比方說基督教吧，我真的很想搞清楚耶穌到底想傳達些什麼，但祂總是扯到『愛』。祂說『要愛鄰人』（〈馬太福音〉十九章十九節），好吧，要是我的鄰居是個好人，我應該可以做得到。但是，更糟的是，祂竟然又說『愛我們的敵人』。拜託！這真是太離譜了！難道我也要去愛希特勒嗎？去愛蓋世太保嗎？去愛連續殺人魔嗎？祂怎能要求我們去愛這些罪大惡極的壞蛋？葛瑞，套句你會說的話，『下輩子再說吧！大哥！』」

「親愛的，您可真會趁機傳教啊！」葛瑞不禁笑道。

「但是後來發生了一件事，徹底擊垮了我原先對生命和愛所抱持的態度。有一天晚上，我和幾位兄弟會的哥兒們，到當地的一家酒吧喝酒。大學裡一位教語言的教授，也是那家酒吧的常客，他加入我們一起閒聊，後來我們聊到世界上最偉大的幾個宗教，當然我們就提到了基督教。我好像說了『愛我們的敵人？拜託！真是笑死人了！難不成我還得向殺人犯致敬嗎？』沒想到這位教授立刻制止了我的發言，他說我完全搞錯了耶穌的意思，雖然這句話看起來很簡單。他說，在英文裡，愛通常指的是一種感覺，就像我愛我的屋子、我愛我家的狗、我愛抽菸、我愛喝酒等等。我們通常把『愛』看做是一種正面的情感。」

「的確如此，西面。」泰瑞莎說道，「事實上，昨天晚上，為了準備今天的課，我特地去了這裡的圖書館一趟，我翻了字典查看『愛』的解釋。字典裡列了四條解釋：第一條，強烈的感受；第二條，溫暖的依戀；第三條，兩性之間的吸引力；第四條，網球比賽分數掛零。」

「所以，妳應該明白了吧，泰瑞莎。在英文裡，『愛』這個字的意思是很狹隘的，大部分解釋都和正面的情感有關。但是，那位教語言的教授告訴我，絕大部分《新約聖經》最初是用希臘文寫成的，而希臘文剛好是他所擅長的語言當中的一種。他告訴我，希臘人其實用了好幾個不同的字眼來表達『愛』在各種面向上的意思。要是我記得沒錯的話，他們所用的一個字眼是『eros』，這也就是英文的『erotic』（情欲的）的字源，指的是由性吸引力、性欲和性渴望所引起的感覺。他們所用的另外一個字眼是『storgé』，指的是家人之間的親情。這兩個字眼都不曾出現在《新約聖經》裡。另外一個用來表示『愛』的字眼是『Philos』，指的是手足和同胞之間的愛（友愛），這是一種『你要是好好對我，我也會好好對你』式的愛。費城的英文是『Philadelphia』，原義是『友愛之城』，就是從這個希臘字根來的。最後，希臘文還用了『agapé』這個名詞和『agapaó』這個動詞，它們指的是一種無條件的愛，指的是我們對待別人的行為，不管對方到底做了什麼。這是一種審慎選擇（deliberate choice）的愛。在《新約聖經》裡，耶穌所用的愛就是『agapé』，這種愛是關乎行為和選擇的，而不是一種感覺。」

「現在仔細想想，」金說道，「硬要我們對別人產生某種感覺或是情緒，實在是很好笑的一件事。這麼說來，耶穌並不是要我們裝作壞人其實並沒有那麼壞，就算他們真的是壞透了；也不是要我們對別人的惡行裝作若無其事。他其實是說我們應該正確地對待（behave well）他們。嘿，我從來沒有想過耶穌的意思原來是這樣的。」

克莉絲加入討論，「那可不！感覺上的愛可能只是口頭上的愛，或是用來表達的愛，但是這些感覺並不是愛本身。就像泰瑞莎昨天說的，『愛就是愛的行為』。」

「這樣說好了，」我開口說道，「我太太可能……不對，應該說是一定，討厭我很久了，但她還是沒離開我。她可能很不『喜歡』我，但她還是繼續『愛』我，透過行動、透過實現對我的承諾。」

「是啊，」真讓人意外，葛瑞竟然開口了！「我身邊總有人不斷地告訴我他們有多愛他們的老婆，但是他們當時正坐在酒吧裡泡馬子呢。還有些父母，老是告訴我他們有多愛小孩，而事實上呢，他們每天連撥出十五分鐘的時間陪小孩都辦不到！我就有幾個軍中同袍，總是對女孩子甜言蜜語，說他們是很愛她們之類的，但是，他們這麼說不過是為了拐女人上床！所以囉，掛在嘴上的愛或是做為一種感覺的愛，根本不算是真正的愛嘛！」

「你說得對極了，」西面修士笑著說道，「我是沒辦法控制我對別人的感覺啦，但我卻可以控制我對別人所做出的行為。感覺太飄渺了，可能你昨晚所吃的晚餐就能影響到你的感覺！我的鄰居或許很難搞，而我也很討厭他，但我還是可以好好地對待他。我可以很有耐心、很坦白、很尊敬地對待他，就算他對我壞透了。」

「西面修士，換我了。」李趕緊說話，「但是我始終認為，耶穌說的『要愛鄰人』，指的確實是要對他們抱持正面的情感。」

「你是不是又要鬼扯什麼耶穌老套來麻痺我們啊。」葛瑞又說風涼話了，「金不是說了嗎，你怎能硬要我們對別人產生某種感覺或是情緒呢？『好好對待別人』，這我可以接受，但是『愛那些混帳』，簡直就是放屁！」

「你非得把話說得這麼難聽嗎？」我幾乎是吼出來的。

「我只是實話實說啊，大哥。」

「那我們就活該忍受啊！」我馬上回嘴，而葛瑞只是向我瞪了一眼。

西面修士走到黑板前，然後寫下：

愛與領導

「《新約聖經》裡對我們所討論的『**agapé**』這種愛，提出過一個非常優美的解釋。說不定你們家的小孩還曾把這段解釋裱起來，掛在臥室裡的牆上哦。據說，這還是最受歡迎的一段經文呢。這段經文更是林肯總統、傑佛遜總統，以及羅斯福總統個人的最愛，也是婚禮上大家最常引用的證言。有人已經猜到我說的是哪一段經文了嗎？」

「那還用問，」克莉絲答道，「就是『愛是恆久忍耐，又有恩慈』那一節吧？」

「答對了，克莉絲。」西面修士繼續說道，「就是〈哥林多前書〉第十三章，『愛是恆久忍耐，又有恩慈；愛是不嫉妒；愛是不自誇，不張狂，不做害羞的事，不求自己的益處，不輕易發怒，不計算人的惡，不喜歡不義，只喜歡真理；凡事包容，凡事相信，凡事盼望，凡事忍耐。愛是永不止息。』這些話聽起來是不是挺耳熟的？」

我馬上說道，「這不是和我們第一天上課時，討論到的領導特質很像嗎？」

「沒錯，是很像。」西面修士微笑地說道，「我們可以把這一節給列出來，愛就是：忍耐、恩慈、謙卑、尊重、無私、寬恕、誠實、守信。」西面修士在黑板上一一寫下，「各位看看，這上面有哪一樣是感覺呢？」

「我覺得它們都是行為啊。」克莉絲答道。

「沒想到兩千年前所寫成的優美箴言，還可以用在今天，用它來解釋領導真是貼切極了。」

「沒想到『agapé』和領導竟然是異曲同工，太妙了，真是太妙了！」李興奮地大叫，「在詹姆士一世欽定的《聖經》版本裡，agapé被翻譯成慈善（charity）。無論是慈善或是奉獻，都比愛這個字來得更貼近agapé。」

西面修士轉身走回黑板前，把我們在第一天討論到領導的十個特質，寫在『agapé』旁邊（參見圖表4.1）。

西面修士繼續說道，「我們先上到這裡。我要拜託泰瑞莎幫我們跟圖書館借本字典，下午上課時我們就可以好好查查這些字眼的解釋。各位意下如何？」

「我們還有選擇嗎？」葛瑞嘲諷地問道。

「我們『當然』還有選擇，葛瑞。」西面修士堅定地說道。

泰瑞莎已經把字典攤在膝上，看來她是準備好了。「西面，我已經查過『忍耐』（patience）的解釋了，字典上是說，『忍耐』就是『面對逆境時所展現出來的自制力』。」

西面修士在黑板上寫下這個解釋：

圖表4.1

威信和領導	Agapé
誠信	忍耐
以身作則	恩慈
體貼	謙卑
說到做到	尊重
善於傾聽	無私
有責任感	寬恕
尊重別人	誠實
不吝鼓勵	守信
樂觀、熱忱	
感恩	

忍耐：展現出來的自制力

「『我耐心等候上主；他就垂聽我的呼求。』（〈詩篇〉四十章一節）」西面修士笑著說道，「你們認為忍耐，也就是表現出來的自制力，是領導人應有的性格特質嗎？」

克莉絲首先發言，「領導人應當以身作則，做為善行的表率，不管他們帶領的是球員、孩子、員工或是其他人等。要是領導人老是抓狂、失控，就很難指望他所帶領的團隊秩序能夠良好，也能為他們的行為負起責任。」

「還有一點很重要，」金說道，「領導人還必須創造一個環境，讓他所帶領的成員能夠安心犯錯，不用擔心會有某個人突然發飆，衝進來臭罵一頓。好比有個小孩正在學走路，當他每一次跌倒時，你就打他屁股，沒幾次之後，他大概就不想學走路了。因為低著頭在地上爬總是比較安全些，不用老是挨揍。」

「哦，我懂了，」葛瑞又想嘲笑，「要是我手下的大兵把事情給搞砸了，我不但不能發飆，還要和顏悅色地安撫他們。拜託，這樣事情就能進行得比較順利嗎？」

「葛瑞，你根本沒搞清楚我們在討論什麼。」泰瑞莎毫不客氣地反駁，「領導人有責任讓部屬負起責任。不過，還是有許多辦法，能在指正缺失的同時，又能顧及對方的顏面。」

沒想到我竟然開口，「你要知道，在我們所處的組織裡，我們面對的都是成年人，都是自願來工作的人，他們可不是我們可以隨便動手的奴隸或畜牲！身為領導人，我們的職責只是要提醒他們，他們的表現和我們所要求的標準之間還有多少差距，而不是訴諸情緒一味指責。領導人是可以發脾氣，不過，解決問題的方式並不是只有這一種。」

李對我點了點頭，接著說：「紀律（discipline）這個字的字根是disciple，意思是教導或訓練。所有紀律性行動的目的，都是為了糾正或改變行為，是用來訓練人而非處罰人的。而且紀律的施行應該是漸進的，第一次，警告，第二次，警告，第三次，還是警告。除非萬不得已，絕不輕易請人走路。約翰說得很對，這些步驟其實都沒必要扯上個人情緒。」

「我們繼續看下一個吧，」克莉絲建議大家，「字典又是怎麼解釋『恩慈』(Kindness)，這個字眼呢，泰瑞莎？」

泰瑞莎翻了幾頁，唸出答案，「恩慈指的是『付出關心、讚美，以及鼓勵』。」

西面修士在黑板上寫下：

恩慈：付出關心、讚美，以及鼓勵

西面修士接著說道：「就和忍耐與我們將討論的所有特質一樣，恩慈強調的還是行為而不是感覺。我們先討論關心吧。為什麼對領導人來說，關心別人是個很重要的人格特質呢？」

「這不就是『霍桑效應』（Hawthorne Effect）嘛。」沒想到我竟然第一個回答！

「能否請教閣下何謂『霍桑效應』，約翰老兄？」葛瑞戲謔地問道。

「好吧，我盡力想想吧，葛瑞。好幾年前，有一位哈佛大學的研究人員，他的名字叫做梅約（George Elton Mayo），他來到紐澤西州霍桑一家電廠，想要研究工人作業環境的衛生改善和生產力之間，是否有直接關係並且是正相關。他所做的一項實驗，是把工廠裡的照明加強，而生產力果真提高了。然後，為了進行其他實驗，梅約就把照明調回原來的亮度，免得影響實驗結果。你要不要猜猜看，工人的生產力提高還是降低了？」

「那還用問，當然是降低啦。」葛瑞的語氣很不耐煩。

「哈，你猜錯了，葛瑞。生產力還是提高了！由此可知，工人生產力的高低和工廠裡的燈光明暗沒有關係，反而是和雇主是否關心工人有關。後來，大家就把這個結論稱為『霍桑效應』。」

「謝謝你為我們大家說明，約翰。」西面修士稱讚我，「我都忘了這個故事。關心別人就是這麼重要！話說回來，我相信關心別人最棒的一個做法就是認真傾聽別人的心聲。」

「西面，您所謂的『認真傾聽』是什麼意思？」金緊接著問道。
「很多人都誤以為傾聽就是在別人說話時，乖乖地聽話就是了。我們可能都以為自己是個好聽眾，但是，其實我們卻經常選擇性地聽別人說話，對他們所說的話妄下判斷，要不然就是在心裡盤算著要怎麼結束談話，或是換個自己比較感興趣的話題。」
泰瑞莎也說，「羅傑斯（Will Rogers）不是說過，要不是因為下一個輪到我們發言，我們才不會注意聽別人說話呢！」
西面修士點點頭，笑著說道，「思考的速度比說話的速度快了四倍之多。如此一來，每當我們傾聽別人說話時，腦子裡就有一大堆噪音、雜念在干擾著我們。」
當西面修士正在說話的時候，我的腦子正想著蕾秋，不知道她現在在做什麼！
「認真傾聽指的是要用大腦傾聽，」西面修士繼續解釋，「認真傾聽是要學習的，我們要學著在傾聽別人說話時，屏除內心所有雜念。這其實是一種犧牲，將我們延伸出去，把噪音和雜念一掃而空，真正進入說話者的世界。哪怕只有幾分鐘。認真傾聽不過就是，以說話者的立場來思考，以說話者的立場來感受。這樣一種對說話者的強烈認同，是建立在同理心之上，要花費極大心力才能做到。」

金開口說道，「在我們婦產科的生產中心裡，我們將同理心解釋成一定要人在現場。而所謂的人在現場，指的不只是我們的身體在場，我們的精神、情緒也要在場。這可是很難辦到的，尤其是在那麼吵雜忙亂的環境裡。但是，這是對產婦的一種尊重，在她們這麼辛苦的時候，我們能在現場幫忙，認真傾聽她們的心聲，竭力滿足她們的需求。當我剛開始擔任助產護士時，我常常是人在當場而心卻在遙遠的他方……但是，我覺得產婦其實感覺得到我們心不在焉。她們感覺得到其中的不同，而且會很感激我們的用心。」

泰瑞莎點點頭，然後說道，「人與人之間的溝通，是通過聽、說、讀、寫等四種方式來進行的。研究顯示，我們花在溝通上的時間，六五％是用在傾聽，二〇％是用在說話，九％是用在閱讀，六％是用在書寫。可是，我們現在的學校教育，只重視閱讀和書寫，頂多加上一兩門選修的說話課，但是卻完全沒開傾聽課程。然而，傾聽技巧卻是孩童最經常要用到的。」

「妳的觀點很有意思。謝謝妳，泰瑞莎。」西面修士繼續往下說，「要是我們能夠認真傾聽別人的心聲，我們又會在有意無意之間傳達出什麼樣的訊息呢？」

金答道，「當我們願意排除一切干擾，甚至是精神上的干擾，認真傾聽時，我們給說話者傳達了一個非常強有力的訊息，我們讓他明白了我們確實是很關心他的。西面，您說得沒錯。傾聽搞不好是我們日常生活裡頭，關心別人最棒的一個做法，它讓說話者明白我們到底有多在乎他。」

泰瑞莎接著說道，「當我才剛接下校長的職務時，我以為我的工作就是要解決老師和學生所遇上的麻煩。但是經過幾年下來，我才發現，原來光是傾聽並且分享別人的問題，就能減輕他們的負擔。原來有人肯聽自己說話，有人肯聽自己吐露心聲，就能產生洗滌作用，紓解我們的情緒。所以我在辦公室的牆上，貼著古埃及法老王普塔歐特（Ptahhotep）說過的名言：『請耐心地傾聽子民的哭訴和請求吧！人民其實更渴望你的傾聽和關心，而非你能為他們解決多少問題啊。』」

西面修士笑了開來，「關心別人是做人的基本要求，身為領導人更是不可或忘。各位應該還記得吧，領導人的責任就是要找出並且滿足部屬的需求。就在五十年前，我和我太太麗塔結婚時，我母親，願她的靈魂安息，曾經鄭重地告誡我千萬別冷落了太太！還好我聽了她的話，所以麗塔從未給我吃過排頭！所以，愛的第一步就是要關心別人。」

「這樣我就搞清楚了，」我開口，「我們工廠發生工運事件那時，就有人跟我說過，員工覺得公司已經忘了他們，不像早年那樣，公司現在都不關心他們了。所以，他們才會發起工運，這樣一來，公司才會注意到他們的存在。我想，人們總是會想辦法滿足自己的需求的。」

「約翰，非常謝謝你的分享，當然還有各位的參與，」西面修士說道，「現在我們再回到恩慈的解釋上。根據泰瑞莎從字典裡所查到的解釋，恩慈是付出關心、讚美，以及鼓勵。各位認為讚美和鼓勵到底是人的所需還是所欲？」

葛瑞突然說道，「我才不需要什麼讚美呢！反正你給我個任務，我就努力做到。我也是這麼帶我手下的阿兵哥。他們當初簽約入伍時就應該知道，拿人薪水就該給人辦事。我幹嘛說些噁心巴拉的好話求他們啊！」

李立刻回答，「我國最偉大的哲學家之一威廉・詹姆士（William James，美國實用主義哲學家）曾經說過，受人讚美是人類最核心的需求。要是有人說他一點也不希罕讚美，那他肯定是說謊。他不只在這件事上說謊，在別的事上也是！」

「嘿，牧師，別再說了！」葛瑞警告他。

金開口，「葛瑞，軍方不是經常舉行盛大的授勳或頒獎典禮嗎？公開表揚有功軍人為人民所做的犧牲和貢獻。」

「有位睿智的將領曾經說過，」泰瑞莎也發言了，「一個人絕不會出賣自己的性命，他只會為了榮譽毅然捐軀。」

我也忍不住說話了，「要是哪天我告訴我老婆：『親愛的，結婚時我曾經說過我愛你，不過就算我不再愛你了，我還是會乖乖地留在你的身邊。還有，我每個星期也都會拿錢回家。』拜託，你覺得這種關係算什麼呢？」

不過，出乎意料之外，葛瑞竟然對我們的發言頻頻點頭，沒有出言譏諷。

金再度發言，「大約在二十幾年前，我剛出來當護士時，遇到了一位很棒的護士長，她是我生命中的貴人之一。她曾經告訴過我，她會運用心靈之眼想像每個部屬的身上都掛著兩塊牌子，前面一塊寫著：『請讚美我』，後面一塊寫著：『請肯定我』。她確實是個很有威信的人。只不過，當時我並不知道那就是威信。」

西面修士也說話了，「恩慈，是愛的一種，不管你對別人的真實感受是什麼，你還是可以表現出來。我們不是說過，愛並不是我們對別人的感覺，而是我們對待別人的行為。知名教育家卡佛（George Washington Carver）曾經說過，恩慈就是『仁慈待人』（be kind to others）。生命的深刻與否取決於我們對待他人的態度。取決於我們能否照顧幼者，關懷長者，體恤受苦的人，包容弱者與強者。因為，你在自己的生命中都可能扮演到這些角色。」

克莉絲接著說道，「我認為讚美別人也很重要。經常讚美別人做對的部分，總比像個『海鷗型經理』，成天雞蛋裡挑骨頭，來得好吧。」

「俗話說，『人總會找著他想找的。』」李也開口了，「這是千真萬確的。心理學家稱之為『選擇性認知』。舉例來說吧，打從家裡有了孩子之後，我和內人開始盤算買輛休旅車，所以我就注意到了福特的『Windstars』。坦白說，我還沒打算買車前，走在路上根本不會特地去注意這款車子。等我打定買車的主意後，就發現滿街都是這型休旅車！真是太巧了，巧到我都覺得其中必有陰謀。同理可證，我想當領導人也是一樣。要是領導人一旦下定決心好好觀察別人的優點，留意別人的長處，就會發現整個世界都大不相同了。」

西面修士跟著說道，「受人讚美是人類的基本需求，更是健全的人際關係的基礎。但是，讚美別人得注意兩件事，這兩件事都很重要。第一件，態度真誠；第二件，具體說明。如果我們只是走進某個部門，隨口說句『大家的表現都很優秀啊』，這是很敷衍的，還可能招人怨，因為並不是『每個人』的表現都很優秀啊！我們應該這麼說，態度要真誠，要具體說明：『喬，你昨晚完成了二百五十個零件，你的表現真是太好了！我真的很滿意！』這樣一來，具體的行為就會得到強化，並且重複出現。」

「我們再來看看第三個字眼的解釋。第三個字眼是『謙卑』（humility）。」泰瑞莎翻著膝上的字典說道，「謙卑就是『真誠、不虛偽、不自大』。」

謙卑：真誠、不虛偽、不自大

泰瑞莎問道，「這一點對領導人有多重要呢，西面？大部分我所見過的領導人，都很狂妄自大，永遠只在乎自己。」

「這哪有錯啊！」葛瑞脫口而出，「領導人本來就應該掌握大權，表現強勢，在必要的時候還能踢踢部屬的屁股。拜託，我實在受不了溫情脈脈、謙卑有禮的把戲！」

李再度反駁葛瑞，「《舊約聖經》的《摩西五書》（*Torah*，指《舊約》全書前五卷：一、創世紀，二、出埃及記，三、利未記，四、民數記，五、申命記）當中記載了，世界上最謙卑的人就是摩西。但是摩西是個怎樣的人呢？他曾經在盛怒之下將「十誡」扔下山摔碎，也曾手刃一名殺害他的希伯來同胞的埃及人，更不時和上帝爭吵。請問他到底有哪一點看起來像是溫情脈脈、充滿婦人之仁呢，葛瑞？」

「嘿，牧師大人，你到底想說什麼啊？」葛瑞挖苦地說道。

還好克莉絲開口化解了僵局，「我想我們最希望領導人做到的是真誠，也就是真心對待別人，不要老是驕傲自大，只在乎自己。過度的自我確實是一個障礙，這會影響到我們和別人之間的關係。自以為是又目中無人的領導人，是大家最討厭的。這樣一種目中無人的態度只是一種不誠實的掩飾，因為根本沒有人能那麼厲害，什麼都懂。我認為，謙卑並不是要我們貶抑自我，而是要我們自覺地放下自我。」

「我們都很需要其他人，」金慢慢地說道，「我們的驕傲自大讓我們誤以為我們並不需要。然而，在美國，可笑的個人主義謊言到處氾濫，這個現象讓我們誤以為，我們真的不需要也不應該依靠其他人。真是天大的笑話！從我們出生的那一刻起，我們就受到別人的幫助，我們得靠別人把我們從媽媽的子宮裡給拉出來。我們還得靠別人為我們把屎把尿，靠別人餵我們吃飯，靠別人教養我們，靠別人教我們讀書寫字。更別說我們得靠人幫我們種糧食、送信件、收垃圾、供電、維護治安、保家衛國。而當我們老了或是生病的時候，也要靠人治療我們、照顧我們。等我們歸天的時候，更要靠人安葬。」

西面修士翻開他的筆記說道，「有位佚名的靈性導師曾經說過：『謙卑不過是深刻地認識到我們自己，還有我們自身的不足（limitations）。真正了解自己的人必然會是一個謙卑的人。』所以，謙卑就是拋開假面具，真實地面對自己，真心真意地對待別人。泰瑞莎，我們繼續吧。」

「下一個是尊重，」泰瑞莎唸出字典上的解釋，「尊重就是『待人如奉上賓』。」

尊重：待人如奉上賓

「好了，我真的受夠了！」葛瑞終於按捺不住，「當你們談到愛和影響力的時候，我就快受不了了。而你們現在竟然又說，我得充滿恩慈、感激、尊敬地去親別人的屁股！你們有病啊！拜託，我這個人只懂得教訓人啦，我可是魔鬼中士啊！你們竟然要我違背本性，還扯一堆我根本做不到的事情！」

「葛瑞，」西面修士平靜地答道。「假使有一天，我帶了軍方高層到你駐紮的隊上，我肯定你會馬上變得畢恭畢敬，並且表現出我們剛剛所討論到的種種行徑吧。套句你的話，你大概會猛抱他的大腿吧！」

葛瑞死盯著西面修士，最後說道：「您真他媽的說對了！可是將軍是個大人物啊，當然值得我尊敬！」

「葛瑞，聽聽你自己說的！」我說話了，「哈！你自己親口說了，你也懂得尊重和讚美啊。只要是你認為重要的人物，你也肯親他們的屁股！所以你不是做不到，而是要看人做。」

西面修士接口說道，「各位能做到待下屬如奉上賓嗎？你能把開起重機的老王當成公司的總裁那樣來對待嗎？你能把學生當成學校董事那樣來對待嗎？你能把護士當成醫生那樣來對待嗎？你能把小兵當成將軍那樣來對待嗎？葛瑞，你辦得到嗎？你能把手下的阿兵哥當成很偉大的將軍那樣來對待嗎？」

「應該可以吧，不過很難就是了。」葛瑞勉為其難地同意。

「這就對了，葛瑞。」西面修士繼續說道，「我一直提醒各位，領導是得下苦功的。

領導人必須發自內心體恤下屬。」

「但我只尊敬值得我尊敬的人！」葛瑞不改反對的態度，「再怎麼說，你得有料，別人才會尊敬你啊，不是嗎？」

金以她一貫溫柔親切的語氣說道，「我覺得這句話好像又是一個必須打破的成見。我相信人性本善，只是有些人的行為有所缺失。可是，光憑我們身為人類這一點，難道就不能得到別人的尊敬嗎？泰瑞莎從字典裡查到，所謂的尊重指的是『待人如奉上賓』，而我們之所以要待人如奉上賓，就是因為每個人本來就很重要，本來就應該被當成上賓。就算你們對這個說法不以為然，但是你們可以想想，光憑別人肯加入你們的球隊、部門、組織、家庭……他們就應該受到尊重。領導人本來就應該關心部屬成功與否，因為，身為領導人的一項職責，就是要協助部屬成功。」

金又一次令我刮目相看。

葛瑞看了看錶，說道：「好啦，好啦，算我服了妳了。該下課了，我們要是再不走的話，可會趕不上午間禮拜的。」

兩點的鐘聲剛響，西面修士就開始上課。

「泰瑞莎，可以請妳開始解釋愛的下一個字眼嗎？」

「西面修士，我可以先請教您一個問題嗎？怎麼這裡的僧侶對時間這麼重視啊？重視得近乎神經質。在這座修道院裡，凡事好像都進行得分秒不差！」

「謝謝妳提出來問，泰瑞莎。其實，早在我來這裡之前，我對守時這件事就一直很在意。各位應該知道，領導人的一舉一動都傳達了某些訊息。要是我們訂了約會、會議，或是其他約定，但卻遲到了，你們想想，我們傳達出的訊息會是什麼呢？」

「我最受不了別人遲到！」克莉絲立刻回應，「我很高興時間在這裡受到重視，這樣我就可以知道接下來要幹什麼了。至於您的問題，西面，我覺得遲到會傳達出幾個訊息。遲到所傳達出的第一個訊息是，對方認為他的時間比我的重要，這讓我覺得對方一定是個相當驕傲自大的人。它還傳達出另外一個訊息，它證明了我只是個小角色，因為我若是一個重要的大人物，對方就不會遲到了。同時，我還會覺得對方不守信用，因為守信用的人總是說到做到，不管做了什麼承諾，就算只是時間方面的承諾，也一定要做到。遲到是很不尊重人的行為，但它其實只是習慣問題。」克莉絲一口氣說完，深呼吸了一下，說道，「謝謝各位耐心聽我說教。」

西面修士笑著說道，「我想克莉絲已經解釋得夠清楚了，泰瑞莎，希望妳滿意這個回答。下一個字眼是什麼？」

「無私。請給我幾秒鐘查查字典……好了，我查到了。字典上寫著無私就是『滿足別人的需求，更甚於滿足自己的需求。』」

無私：滿足別人的需求

「謝謝妳，泰瑞莎。無私的反面就是自私，意思就是『先滿足自己的需求，至於別人的需求，免談！』但無私卻是先滿足別人的需求，就算是要犧牲自己的需求與欲望，也在所不惜。無私是領導很好的解釋，領導就是要滿足別人的需求，更甚於自己的！」

出乎我的意料之外，葛瑞竟然說道，「在戰場上，士兵的肚子要比將官的先填飽才行！」

這回換成我有意見了，「如果我們總是滿足別人的需求，難道不會寵壞他們嗎？他們不就會一直占我們的便宜嗎？」

「約翰老兄啊，你上課根本沒在專心嘛。」葛瑞嘲笑我，他裝模作樣地說道，「我們要滿足的是別人的所需，不是所欲啊！如果我們滿足的是別人的基本需求，如果我們滿足的是別人生理與精神上的需求，我們怎麼可能會寵壞他們呢？約翰，你要明白，我們要滿足別人的所需，不是所欲；我們要當僕人，不是奴隸。怎麼樣，西面，我表現得不錯吧？」

全班頓時哄堂大笑。西面修士要泰瑞莎唸出下一個字眼的解釋。

「下一個是寬恕，它的解釋是『就算別人做了對不起我們的事，心裡也不怨恨』。」泰瑞莎唸道。

寬恕：別人做錯了也不怨恨

「這個解釋不是很耐人尋味嗎？」西面修士說道，「『就算別人做了對不起我們的事，心裡也不怨恨。』為什麼這是領導人必備的人格特質呢？」

「因為人非聖賢，所以總會教人失望。」金答道，「我想既然身為領導人，這種事應該有如家常便飯吧。」

葛瑞又故態復萌了，「妳的意思是說，就算別人做了對不起我的事，我還得裝作沒事一樣，」他不滿地問道，「我還得輕輕地拍拍他們的頭，告訴他們：『沒關係！』？」

「你弄錯了，葛瑞，」西面修士反對他的說法，「這並不是正確的領導態度。寬恕不是假裝沒人對不起你，也不是對問題視若無睹。相反地，我們應當果斷待人。但我說的並不是要被動地任人踐踏，或者激烈地罔顧他人權益。待人果斷指的是對人要開放、坦白、率直，但又不失尊重。寬恕就是要做到，在事情發生後，果斷解決，要是內心有所忿恨，也要加以釋懷。身為領導人，要是無法釋懷心裡的忿恨，怨氣只會侵蝕身心，讓你效率低落。」

我覺得有話不吐不快，「我的老婆是名心理醫生，她經常告訴病人，仇恨只會毀了自己的人生。我們大家應該都曉得，經年累月沉溺在仇恨之中，只會讓自己變得更加痛苦、更加不幸。」

李插嘴說道，「喜劇演員哈克特（Buddy Hackett）曾經說過：『在你心懷怨怒之際，別人卻在跳舞狂歡！』」

「謝謝各位的踴躍發言，」西面修士笑著說道，「我在星期天時，不是曾經說過『三個臭皮匠，勝過一個諸葛亮』嗎？泰瑞莎，字典又是怎麼解釋『誠實』呢？」

「誠實是『凡事不欺瞞』。」

誠實：凡事不欺瞞

「我還以為誠實只是不說謊呢，」克莉絲慢條斯理地說道，「凡事不欺瞞……這個解釋的範圍好像更擴大了。」

「我們在學校裡總是教導孩子，」泰瑞莎說道，「說謊就是蓄意欺騙別人。一般人可能認為，沒有全盤托出或是避重就輕，只是『善意的謊言』，這是可以容忍的。但是，說到底，這還是說謊啊！」

「各位要記住，」西面修士接著說道，「誠實是一般人對他們的領導人最看重的一個人格特質。我們曾經討論過信任，信任很重要，因為它是人際關係的三秒膠，而它是建立在誠實之上的。誠實待人是實現愛很困難的一個步驟，但也是很重要的一個步驟。誠實指的是清楚告訴對方你的期待；對別人負責；不管是好消息還是壞消息，全都坦誠相告；坦白告訴對方你對他的看法；做人要一致、公平、不變來變去的。簡單說，我們的所作所為絕對不欺瞞、絕對光明磊落；不計一切代價，追求真相。」

李再度發言，「我以前那位啟蒙恩師還告訴過我，我們要是沒有把員工放在心上，我們可是非常不誠實的。事實上，她甚至還說，領導人要是沒對員工負起責任的話，他們就是盜賊和騙子！罵這樣的人是盜賊，是因為他們不配領取股東付給他們的薪水，股東可是付錢讓他們好好照顧員工的；罵他們是騙子，是因為他們竟然粉飾太平，假裝和部屬相處得很融洽，但是事實上，他們對員工壞透了。」

我也說話了，「我知道有很多管理人員都以為只要大家都開開心心的，就什麼問題都沒有了。因此他們根本不敢指責下屬的缺失，因為他們擔心下屬會不高興，或是對他們發飆。我以前從沒想過這種行為也算是欺瞞……但是，我現在明白了，其實大部分的人都很希望，也很需要，領導人誠實地對待他們。」

「約翰，你說得很好！我們再看下一個吧，泰瑞莎。」西面修士說道。

「好的。哦，我查到了。守信指的是『堅持所做的選擇』。」

守信：堅持所做的選擇

西面修士先是沉默了一會，然後說道，「守信或許是最重要的一點。所謂的守信，就是要做到你在生活中所做的各種承諾。因為要想付諸實踐我們到目前為止所討論到的各種道理，就必須付出極大心力，要是我們沒有下定決心、堅守成為領導人的承諾，我們就很容易半途而廢，還是走回過去訴諸威權的老路子。說來遺憾，守信，在當今的社會裡並不受歡迎啊。」

「是啊，」金開口，「要是不想生小孩，就把他拿掉；要是不想和配偶在一起，就跟他離婚；更狠的是，要是懶得照顧老人家，就讓他安樂死！真是一個美好又乾淨的社會啊，不想要的東西，就統統丟掉！」

葛瑞笑著說道，「可不是嗎，人人都想湊一腳，但卻沒人願意承諾！這兩樣的差別可是很大的啊。下次你們點培根炒雞蛋的時候，可要想清楚，母雞只管下蛋，只是湊一腳；而豬可是連性命都奉上，確實信守承諾。」

「葛瑞，你這個比喻真棒。我還想不到這一點呢。」我不禁誇道。越是了解葛瑞這個人，越是覺得他為人還挺不錯的。

大家不約而同又陷入沉思，靜靜地想著這些道理，直到西面修士開口打破沉默，「真正的守信是建立願景，建立和個人成長、團隊成長，以及持續改善有關的願景。守信的領導人會致力於成長、開拓與進步，因為他們曾經承諾要當部屬心目中的最佳領導人。願景是一種熱情，它能促使個人和團隊發揮最大的潛能。當然，我們也必須勇於要求我們的部屬發揮最大的潛能。我們要不斷地追求進步，直到有所成長並且發揮最大潛能為止。要達成這樣的目標，領導人就必須做出承諾、激發熱情、建立願景。」

李說道，「而且《聖經》上也說過，『人無遠見，自取滅亡』啊！」

「我求求你！牧師大人。別老是趁機傳教嘛。拜託請讓佈道『滅亡』吧！」葛瑞又把李吐槽回去。

「這些愛啦、承諾啦、領導啦、為人著想啦，在我看來都是很辛苦的任務。」我嘆口氣說道。

「你說對了，約翰。」西面修士接著說道，「不過，這正是我們接下領導人的職務時，同時接下的責任。沒人說這很容易啊！要是我們決定愛人、為人著想，我們就要具有耐心、恩慈、謙卑、尊重、無私、寬恕、誠實，以及守信。如果我們決定為人犧牲奉獻，我們就得做到以上的種種行為。有時候，我們還得放下身段，甚至壓抑情緒。有時候，我們還得先把我們的欲望擺到一邊。甚至去愛很令人討厭的人，去為他們著想。」

「但是您之前曾經說過，」泰瑞莎說道，「愛人與否可由我們自己選擇。要是我們想要設身處地愛人，就要做到犧牲奉獻。只有我們能夠為人犧牲奉獻，才能贏得威信。當我們樹立了威信之後，才有資格稱為領導人。」

「我明白你所說的這些道理彼此之間的因果關係，」克莉絲提出質疑，「我也認為這是行得通的。但是，這樣對待人不就是在操縱人嗎？」

泰瑞莎立即答道，「操縱，指的是為了個人的好處而影響別人。但是我想西面提出的領導模式，指的卻是為了彼此的好處而影響別人。要是我真能找出並且滿足部屬的基本需求，我想，我的部屬應該會從我對他們的影響力中得到好處吧。您說對嗎，西面？」

「一如往常，三個臭皮匠，果然勝過一個諸葛亮啊！謝謝各位的發言。」

李倒是有話要說，「我曾經聽過康波洛（Tony Campolo）所錄的一捲錄音帶，康波洛身兼作家、牧師、演說家，以及教育家等職，相當有名。在這捲錄音帶裡，他談到了他為年輕人所開設的婚前輔導課程。他說當他每次見到論及婚嫁的年輕情侶時，一定會問他們：『你們為什麼要結婚啊？』當然，答案往往是『因為我們真心相愛啊！』。然後，他又問：『你們還有沒有比這更好的理由？』通常這對年輕情侶就會互相看著對方，不敢相信竟然有人會問這種蠢問題，接著他們就會回答：『還有什麼更好的理由啊！我們可是真心相愛！還有什麼理由會比真心相愛更好呢？』康波洛總會告訴他們：『看來你們都被荷爾蒙主宰了，已經愛到沒有理智了。這種感覺很棒，好好享受啊！但是，要是有一天，你們之間的愛意煙消雲散了，到時候你們要怎麼過下去啊？』這時候，年輕的情侶就會望了望彼此，一起斬釘截鐵地說：『這種事不可能發生在我們身上！』」

全場爆出一陣大笑。

「啊，可見各位都結婚好幾年了，」李繼續說道，「我們都知道愛意來來去去，維繫婚姻的其實是承諾。康波洛認為，每場婚禮都有機會成就美滿婚姻，但是，唯有等到彼此之間的愛意消失了，我們才會知道婚禮的結局。」

「說得很好啊，李，」西面修士說道，「其實守信所要接受的考驗和領導差不多。其實我們今天討論到的種種人格特質和行為，要是用來對待喜歡的人，我想誰都做得到。連很多可惡的壞人對待自己喜歡的人的時候，也都是很溫暖友善的。這沒什麼了不起。真正能證明我們是否夠資格稱為領導人，真正的考驗是發生在我們如何對待很難搞的傢伙，我們如何去愛我們並不喜歡的人，除非通過這關，我們才知道自己有多守信；唯有通過這關，我們才有資格稱為領導人。」

泰瑞莎接著說道，「老牌影星莎莎嘉寶曾經說過，一年愛上二十個男人比愛一個男人二十年容易多了。」

西面修士走到黑板前，畫出一個大表格。（參見圖表4.2）

「我們昨天討論到領導模式圖時，曾經說過領導是建立在威信或影響力之上，而威信或影響力則是建立在犧牲奉獻之上，而犧牲奉獻則是建立在愛之上。再者，威信式領導，則是要懂得愛人，懂得為人著想、奉獻、甚至犧牲。此外，愛並不是你對別人的感覺，而

圖表4.2　愛與領導

忍耐	展現出來的自制力
恩慈	付出關心、讚美，以及鼓勵
謙虛	真誠、不虛偽、不自大
尊重	待人如奉上賓
無私	滿足別人的需求，更甚於自己的需求
寬恕	別人做錯了也不怨恨
誠實	凡事不欺瞞
守信	堅持你所做的選擇
結論 犧牲奉獻	把自己的所欲和所需擺到一邊，優先滿足別人最大的利益

是你對別人的作為。」

金做了結論，「所以，我想西面的意思是，愛是動詞，是推己及人，是找出並且滿足別人的基本需求。我這樣說對嗎？」

「妳說得很好，金。」西面修士簡短地答道。

The Servant

A Simple Story About the True Essence of Leadership

第5天 環境配合

不分男女，人人都想好好做事。只要環境配合，大家都會盡心盡力的。

——比爾．惠烈（Bill Hewlett，惠普科技創辦人）

我瞄了瞄床邊的鬧鐘。現在是星期四的凌晨，才三點多，我又盯著天花板發呆。昨天傍晚，我分別給蕾秋和公司打了電話，想問問他們的情況。沒想到，雖然我不在，一切依然運作如常。我感到很失落……

我又想到前一天清晨，西面修士丟給我的那些人生問題：我能信仰什麼？我為什麼活著？我活著的目的是什麼？人生有何意義？

我想不出答案。

問題反而越來越多。

我在四點四十五分來到教堂，很為自己感到驕傲，我總算有一次比西面修士早到了！五點整，西面修士準時進來，走到我的身邊坐下。垂下頭來，看起來是要先禱告。過了一會兒，西面修士轉過頭來，問道：「約翰，你又學到了什麼啊？」

「有關愛的說法讓我耳目一新。我從來都沒想過愛指的是我們對待人的行為，我一直以為愛是一種情緒、一種感覺。我只希望當我回去之後，當我告訴手下的員工我將開始

『愛』他們的時候，他們不會以為我的頭腦壞掉了！」

西面修士大笑。「那你就要做給他們看啊，約翰，光說不練是沒有用的！你還記得嗎，泰瑞莎說過愛就是愛的行為哦。」

「至於愛自己呢，西面？我們教區的牧師就說過，我們應該愛鄰人，也愛自己。」

「唉，說來遺憾，約翰，這段章節不是這個意思啊，原文其實是「你要愛鄰人，像愛自己一樣」（〈馬太福音〉二十二章三十九節），而不是愛鄰人，也要愛自己。這當中的差別可大了。當耶穌基督說我們要愛人如己時，其實祂是假設我們已經夠愛自己了，所以，祂希望我們能夠比照我們愛自己的心意去愛別人。」

「比照我們愛自己的心意？」我無法同意，「拜託！有時候，尤其是最近，我都受不了我自己了，更別說還要愛自己！」

「別忘了，約翰，agapé式的愛是一個動詞，而不是名詞。它指的是愛的行為，而不是愛的感覺。有時候，我也會變得很討厭自己，但是，通常來說，這些時刻對我卻很有幫助。因為就算在我很不喜歡自己的時候，我依舊很愛自己，我透過滿足我自己的需求來愛自己。很遺憾地，很多時候，我都只想要先滿足自己的需求，而不是別人的。很糟糕，就像個兩歲小孩……」

「我們大部分的人都很想把自己擺在第一位，對不對？」

「是啊，約翰。把自己擺在第一位就是愛自己的表現啊！所以，要是我們把鄰人擺在第一位，把他們的需求放在心上，就是愛他們的表現。我們能很輕易地原諒自己的錯誤或蠢事，可是，我們也能同樣輕易地原諒鄰人的錯誤和蠢事嗎？你看看，所以啦，我們很容易愛我們自己，卻沒那麼容易愛別人。這不就是寬以對己，嚴以待人嗎？」

「我從來都沒這麼想過呢，西面。」我有些傻眼了。

「要是我們肯說真心話的話，其實，當我們聽到鄰人發生不幸時，像是失業、離婚、外遇，或是其他麻煩，我們或多或少都有些幸災樂禍吧。唯有我們考量鄰人的福祉就像我們考量自己的福祉一樣，我們才算得上是真心愛我們的鄰人。」

「那麼關於愛上帝這回事又該怎麼說呢？」我又問道，「我們教區裡的牧師還說我們應當愛上帝。但是，有時候，我就是沒法真心愛祂。人生有時毫無公理可言，我經常懷疑是否真有上帝存在？」

沒想到西面修士居然贊同我的話，「我有時也很受不了上帝，根本沒辦法愛祂。有時候，連我的信仰體系都沒辦法說服我。我對生命有很多疑問，而且生活中充滿了不義。但是，我所發的牢騷並不妨礙我繼續愛祂，並不妨礙我和祂之間的關係。透過忍耐、專注的祈禱、真誠、虔敬、誠實，甚至是寬恕，我持續地表現對上帝的愛。而我甚至可以持續不懈，就算有時我真的很不想這樣下去。這是一種承諾，一種對愛的承諾。我會繼續信守對祂的承諾，就算我這個月對祂有點失去信心……」

這時，有幾位僧侶陸續走進教堂裡，找了位子坐下來。

最後，西面修士說了幾句話，「當我們承諾去愛上帝或是其他人，並且持續不懈的時候，很妙的是，在我們從事這些正面的行為時，我們的心中就會升起正面的情感，社會學家稱這種現象為『付諸實踐』（praxis）。我們明天一早再來討論這種現象吧。」

上課的鐘聲都還沒響完，西面修士就宣布，「我們可得加把勁趕點課囉！我們今天要討論的是打造健全環境的重要性，唯有健全的環境才能讓人成長茁壯。我們就拿開墾庭園來比喻吧。要是我們真想讓植物好好生長的話，就要為它們打造一個健全的生長環境，我想這一點大自然已經給我們證明了。在座有人喜歡蒔花弄草嗎？」

克莉絲舉手，「我在公寓後頭開闢了一小塊很美的花園。我玩園藝超過二十年了，是個不折不扣的『綠拇指』（green thumb，精通園藝的人）。」

「克莉絲，要是我對園藝一竅不通，妳會怎麼教我開闢一塊花園呢？」

「很簡單啊！要先找一塊地，不過要照得到太陽才行。接著翻土、播種、澆水、施肥、除蟲、拔草，樣樣都馬虎不得。」

「好吧，克莉絲，要是妳所說的我全都照做了，接下來會發生什麼事呢？」

「植物會開始發芽、生長，然後開花、結果。」

西面跟著再問，「要是我種的植物結實纍纍，這可以全歸功於我嗎？」

「可以啊，」克莉絲很快地答道。然後她想了一下，又說道，「嗯……其實並不是全靠您，植物才會結實纍纍。頂多只能說，是您幫助了它們生長。」

「妳答對了，」西面修士說道，「我們沒辦法讓植物生長，只有造物主才辦得到。只有造物主才能讓土壤裡的小橡實長成枝葉繁茂的大橡樹。而我們能做的，只是提供適當的環境讓它們自行生長罷了。同樣的道理也適用在人類身上，哪位可以舉個例子啊？」

「我是婦產科的助產護士，」金說話了，「所以我可以告訴各位，小孩還在媽媽肚子裡那九個月的時間，健康的子宮環境是最要緊的，子宮裡的環境條件得幾近完美才行。要不然，孕婦可能會流產，或是小孩可能會出現嚴重的後遺症。」

李隨即發言，「就算小孩出生以後，健全的環境對他們來說仍很重要，他們需要在健全、充滿關愛的環境裡才能好好長大。我曾經看過有關羅馬尼亞暴君西奧賽古（Nicolae Ceaușescu）所製造出來的孤兒的報導，他下令將剛出生的嬰兒集中照顧，只讓少數幾個人來照顧，有時，甚至沒人理會他們。你們曾經看過這則報導的照片嗎？你們有誰知道那些被剝奪了和人接觸機會的小孩最後的下場嗎？」

「應該都死了吧。」金低聲答道。

「沒錯，他們全都無助地死了。」李感慨地搖了搖頭。

大家沉默了一會。接著，泰瑞莎說道，「我在公立學校體系裡工作了很多年。在公立學校裡，我們一眼就能看出來自問題家庭的小孩。其實，大部分罪犯都是出自破碎的家庭。我真的相信，唯有良好的管教和健全的家庭環境，才會有健全的社會。我還認為，要想徹底解決犯罪問題，不能只靠電椅，而是要從小時候的管教做起。談到打造健全環境的重要性，西面，這一點我完全同意您的看法。這會兒您大可不必浪費唇舌囉。」

金也說道，「其實這個道理在醫學上也適用。大家總以為是醫生把病治好的，其實，不管醫學再怎麼進步，醫生都沒辦法治好骨折或是讓傷口癒合。醫學或是醫生所能做的，充其量只是藉著藥物和治療的幫助，提供身體良好的復元環境，讓身體自行治療。」

「我可以再舉一個例子，」我也加入討論，「我那個當心理醫生的老婆曾經不止一次告訴我，心理醫生沒有辦法治癒病人。她說初出茅廬的心理醫生總是以為自己有辦法治好病人，但是過一陣子之後，他們就會發現自己根本辦不到。一個好的心理醫生所能做的，無非是為病人打造一個健全的環境，無非是和病人發展出一段建立在關愛、尊重、信任、接納與承諾之上的關係。一旦發展出一個有助於治療又有安全感的環境之後，置身於其中的病人就可以開始解決自己的心理問題了。」

「哇！你們舉的例子真是太精采了！」西面修士讚道，「我想各位都已明白打造健全環境的重要性了，健全的環境有助於生命成長，尤其有助於人類成長。我覺得開闢花園的比喻，可以用在各種我們需要加以關照的團隊裡，像是家庭、職場、軍隊、球隊、社區，或是教會。簡單說，我們影響力所及的範圍不就像是個必須照料的花園嗎？大家都知道花園是需要費心照顧的。所以我經常會捫心自問：我的花園需要我做些什麼？我的花園是否需要我施肥，是否需要我施予關愛、讚美，或是認可？我是否該為我的花園拔草了？我是否該為我的花園除蟲了？大家都知道，放任雜草叢生、害蟲橫行，會害得花園荒蕪。花園需要我們經常留心照顧，但是只要我們好好用心，花園很快就會欣欣向榮，開花結果也就指日可待了。」

「唉，但是要等多久才能看到開花結果呢？」克莉絲問道。

「很遺憾啊，克莉絲，確實有很多領導人根本等不及，在還沒看到成果之前就不耐煩地放棄了！大家都很希望早日看到成果，但是卻忘了，唯有時機成熟，才有辦法開花結果啊。所以，這也正可以看出信守承諾、堅持到底的重要性了。對領導人來說，這是不可或缺的人格特質啊。想想看，要是有個農人，想要多收穫一次，因此在秋末時節又播種了一次，並且指望在冬天飄雪前就能採收完畢，你們覺得他有可能成功嗎？雖然栽種之後必能開花結果，但是沒人說得準什麼時候就能開花結果啊。」

金又開口，「決定果實何時成熟的另一個重要因素，是我們『關係銀行帳戶』（relational bank accounts）裡的存款狀況。」

「『關係銀行帳戶』？這是什麼玩意啊？」李立刻問道。

「這是柯維（Stephen Covey）在他的暢銷書《與成功有約》（*The Seven Habits of Highly Successful People*）裡所提到的。我想大家都有銀行戶頭，我們存錢進去，領錢出來，希望永遠不要透支。而關係銀行帳戶是拿銀行戶頭來比喻人際關係，柯維利用這個比喻告訴我們，和我們周遭的重要人士，包括我們所領導的人，打好良好的人際關係的重要性。舉例來說，當我們剛認識一個人的時候，由於彼此還不熟，因此我們為對方所開的關係銀行帳戶裡還是空空如也。但是，隨著我們越來越熟，我們開始會在戶頭裡存感情進去，提感情出來，端賴我們為對方做了什麼事情而定。打個比方吧，要是我們誠信待人，不吝給予讚美和肯定，說到做到，認真傾聽，不在別人背後說三道四，經常將請、謝謝、對不起掛在嘴邊，我們都在關係銀行帳戶裡多少存了點感情進去。反過來說，要是我們兇惡無禮，說話不算話，老是在別人背後說人是非，驕傲自大又不肯好好聽人說話，那麼我們就等於是不斷地從關係銀行帳戶裡提感情出來囉。」

葛瑞說道，「我昨天中午休息時，給我馬子打電話，沒想到她一聽是我就馬上掛了電話，嗯，這是不是說我的戶頭已經領爆了！」

「沒錯，葛瑞。」我大笑，「唉，其實我也是半斤八兩啦。上次我們工廠之所以會發生工運事件，應該就表示我的關係銀行帳戶裡已經嚴重透支了。所以，金，妳的意思是說，為什麼遲遲無法開花結果，問題是出在我們的關係銀行帳戶裡感情淨額還不夠，對嗎？」

「對於那些我們已經有所往來的人來說，這樣說是沒錯啦。不過，對於那些剛認識的人來說，其實我們還得先建立關係啊。」

「金，很謝謝妳提出了另外一個比喻。」西面修士說道，「其實關係銀行帳戶的概念同時還指出了，當我們要讚美人時，就要公開讚美；但是當我們要修理人時，就得私底下進行。有誰知道為什麼要這麼做嗎？」

泰瑞莎率先發言，「當我們公然修理某人時，我們等於是在眾人面前羞辱他，這可是很傷他感情的事，就像是從他的關係銀行帳戶裡提了一大筆感情出來。但是，除此之外，人們都很怕看到這種事，當我們公然修理人時，旁觀者心裡多少會想，『搞不好哪天就輪到我囉』，這等於也從他們的戶頭裡提了一筆感情出來。所以，要是你很想一次就從關係銀行帳戶裡提好幾筆感情出來，當眾修理人可是一個立刻見效的上上之策哦。」

克莉絲馬上說道，「同理可證，要是我們公開讚美、認可，或是肯定一個人，我們等於是往我們的關係銀行帳戶裡存感情囉。我們不僅在我們公開讚揚的那個人的戶頭裡存了一筆感情，我們也在旁觀者的戶頭裡存了感情進去。西面，您以前不是說過嗎，大家總是睜大眼睛在看領導人怎麼做！」

「完全正確，克莉絲。領導人的所作所為全都傳達出某種訊息，」西面修士答道，「我曾經看過一篇很有趣的文章，那是一份調查。這份調查指出，人們通常太高估自己，而提領別人關係銀行帳戶裡的感情，代價可是很高的。我待會回去找找，如果找到了，下午上課時再給大家看看。」

這是一個很棒的午後，秋高氣爽，我打算沿著懸壁旁的小徑走到湖畔。這會兒，天氣晴朗，氣候宜人，湖面吹來徐徐微風。這是我最喜歡的日子，然而，此刻我的心情波濤洶湧，實在無心欣賞。

我很高興我的學習成果豐碩，我迫不及待要趕回去實行我所學到的道理；但是，每當我想起過去的行為還有待人的方式，我就感到懊悔，甚至覺得羞愧。我以前真是個差勁的老闆啊，也是個差勁的丈夫、差勁的父親、差勁的教練！

唉……我越想心情越糟！

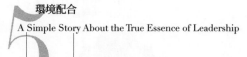

兩點一到，西面修士愉快地開口，「我已經找到那篇文章了，它是登在《今日心理學》（*Psychology Today*）這本期刊裡。這篇文章很有趣哦！撰寫這篇文章的行為學家認為，正面行為和負面行為的效果並不相等。要是套用『收入和支出』的講法，也就是說，你每從別人的關係銀行帳戶裡提出一筆感情，你就得存入四筆感情，才能平衡。正面行為和負面行為的效果是一比四！」

「我絕對相信，」李說道，「就像我老婆，經常動不動就說愛我，但到現在我還是牢牢記得她去年春天時竟然笑我太胖了！」

「我完全同意她的看法，牧師大人！」葛瑞趁機揶揄李。

「的確如此，李。」西面修士繼續說道，「不管表面上我們裝得有多若無其事，其實內心都是相當纖細敏感的。為了佐證這個說法，這篇文章還提到了一項調查，這項調查是研究人們怎麼看待自己的。你們聽聽，八五%的受訪者認為自己在平均水準以上。至於「和別人相處的能力」，所有受訪者都認為自己的能力落在前一半的人口裡，六〇%的受訪者則認為是落在前一〇%的人口裡，二五%的受訪者則認為自己是落在前一%的人口裡。然後是『領導能力』，七〇%的受訪者認為自己的能力落在前二五%的人口裡，只有二%的受訪者認為自己的能力在平均水準以下。這份調查還針對男性問了一個問題，『要是和其他男性相比的話，你的體格如何？六〇%的男性受訪者認為是落在前二五%的男性人口裡，只有六%的男性坦承自己的體能在平均水準以下。」

「喂，您到底想說什麼啊？」葛瑞忍無可忍地問道。

「要是我沒猜錯的話，葛瑞，」克莉絲先答道，「西面的意思是，一般人通常高估了自己。因此，當我們從別人的關係銀行帳戶裡提領感情的時候，就要特別小心，因為代價可能很高呢。」

西面修士接著說道，「就拿和別人建立信任關係來說吧，我們可能要花上好幾年的時間，才有辦法建立起彼此之間的信任，但卻可能會因為疏忽而毀於一旦。」

「天啊！您怎麼又來了，」葛瑞不知不覺提高嗓門嚷著，「我們簡直是在人間仙境裡大談不食人間煙火的夢幻理論嘛！可是，拜託！我們當中有人還是得回到現實世界裡啊，還是有人要去面對只講威權的長官，他們根本不懂什麼威信啦、倒金字塔型圖啦，更別提愛、尊重，甚至是關係銀行帳戶！您怎麼說啊，您要怎麼跟這種豬頭共事呢？」

「真是個好問題，葛瑞。」西面修士笑著說道，「你完全說對了。講求威權的人一旦面對很有威信的人，總是備感威脅。他們確實會覺得很難受，甚至炒我們魷魚！但是話說回來，就算別人不肯愛我們、尊重我們，我們還是可以好好對待他們啊。」

「您可沒見過我的長官！」葛瑞仍然堅持他的想法。

西面修士並不氣餒，「從前，當我還在商場上打滾的時候，我經常臨危受命，接手經營不善、問題叢生的公司，然後讓它們轉虧為盈，步上軌道。當我接手一家新公司的時候，我所做的第一件事就是著手調查員工的工作態度，藉以為公司把脈。我會一個部門一個部門、一個單位一個單位地調查，找出問題的癥結所在。結果我發現，就算是情況最嚴重的公司，就算這家公司所做的調查再難看，我都可以找到表現不俗的單位，這些單位就好像是在狂風暴雨的大海上，幾座平靜穩固的島嶼。舉例來說，負責運送收發的第三班表現得很好，負責出貨的第二班表現得很好，負責電腦維修的第一班表現得很好……接下來我就會實地去了解為什麼這些部門裡的這些單位會表現得這麼好。好了，各位，你們認為原因是出在哪裡呢？」

「出在領導人身上。」金答道。

「答對了，金。就算是在最險惡、最混亂的環境裡，就算是在人人勾心鬥角、問題一堆的環境裡，我還是可以找到盡忠職守的主管，他們會在自己能力可及的範圍裡發揮影響力，有所作為。他們或許無法主宰大局，但是他們卻每天兢兢業業地工作，照顧部屬，帶領他們完成任務。他們就像躲在船艙裡，不被重視，但卻默默划船的船伕。」

「您拿行船來比喻實在很有意思！西面。」我忍不住說道，「有位員工曾經告訴過我，他們覺得自己就好比電影《賓漢》（**Ben Hur**）裡可憐的卻爾登．希斯頓（**Charlton Heston**）。大家看過這部電影吧，卻爾登．希斯頓被鐐銬在船槳旁年復一年地划著船！他只能困坐在船艙裡聽外頭肆虐的暴風雨聲和船隻碰撞的擦撞聲，卻始終不能踏上甲板吸口新鮮空氣，更別提跳入海裡游泳了。在船艙底，還有一名汗流滿身的壯漢，負責擊鼓，以控制大家划船的速度。我的員工告訴我，這就是他們的真實感受。他們只能成天藏身艙底，默默賣力，但卻從來不能登上甲板，也無法得知船上的動靜。要是哪天船長心血來潮，想在海面上滑水，負責擊鼓的壯漢就會馬上加快擊鼓的節奏，讓他們提高划船的速度。萬一遇上暴風雨，搞不好船長還會下令丟幾個人到海裡，以減輕船身的重量！想想就教人心酸啊！」

李接著說，「我以前上班時用過一個馬克杯哦，馬克杯上印了幾行字：

我不負責掌舵，
也不負責吹號角
我無權過問，
船要開往何方。
我不能上甲板，
更別想敲什麼船鐘。
但要是哪天船沉了，
看誰會第一個下地獄！」

「說得太棒了！」我不覺吼了出來，「我一定要去買一個一模一樣的馬克杯！但是，西面，就算我決定照我們所討論的道理來實行，但我手下那四十位主管不見得會買帳。不靠他們，我可沒辦法自己一個人打造出一個健全的環境啊。我要怎麼做才能讓大家一起來呢？」

「約束他們的行為啊，」西面修士很快地答道，「約翰，身為一名領導人，你得對你影響力所及的環境負責，而且你更要實施鐵腕以貫徹你的責任。所以你當然有權約束部屬的行為。

「您所謂的『約束部屬的行為』指的是什麼？」我反問道，「我們哪能約束別人的行為啊！」

「你他媽的當然可以！」葛瑞大聲地對我吼著，「我們在軍隊裡就是這麼搞的，我相信你在工廠裡一定也這麼管人！難道你們工廠裡沒有一堆每個人都要遵守的規定或是程序嗎？難道你不教他們怎麼使用安全裝備、準時上工、遵守工作的種種要求嗎？拜託，你和我都一樣啦，我們都在約束別人的行為啊。」

儘管心裡萬分不情願，我還是得承認葛瑞說得很有道理。要是客服人員膽敢給顧客吃排頭，他可能就要回家吃自己了。也就是說，員工要是無法遵守公司的規矩，早晚要捲鋪蓋走路。我們總是在約束員工的行為，讓他們達成工作的要求。我突然想到一個約束員工行為的例子。

「我的父親，」我開始說道，「曾在福特汽車位於底特律迪爾伯恩（Dearborn）的裝配廠裡擔任第一線的組長達三十年之久。七〇年代早期，我有個週末早上跟著我父親到廠裡打工。才不過待了一個小時，我就受不了了，當場決定好好唸書上大學。天啊，大家一定很難想像，整個裝配廠簡直像個野蠻叢林！所有人都在大吼小叫，滿口髒話從來沒停過！這就像是，如果你想當上『本日最佳組長』的話，你就得當眾給人難看，還要不斷地罵人F開頭的髒話。」

「聽來跟我那裡沒什麼兩樣嘛！」葛瑞大聲回答。

「那是『以前』的事了，葛瑞，」我馬上回了一句，竟然覺得葛瑞不像先前那樣討人厭，「總之，我爸有個好朋友，他也是工廠裡的組長，有一天突然被調到密西根州的另一個廠，那個廠是由福特汽車和日商馬自達汽車合資成立的。我爸的好朋友還是擔任組長，他上工的第一個星期，逮到一名工人出錯，他還是照他在迪爾伯恩的老樣子，當著所有生產線工人的面，不由分說地痛削了他一頓，還罵了好幾個F開頭的字眼。很慘的是，他的日本籍經理目睹了整件事，經理馬上把他叫進辦公室。大家都知道，日本人對當眾丟臉這種事最在乎了。日本籍的經理非常客氣地告訴我爸的好朋友，他絕不容許這種事發生第二次，要是他又當眾修理人，經理一定會要他回家吃自己。我爸的這個朋友後來又在這家工廠裡工作了十年，直到退休為止。他真的得到教訓了。西面，我想這可以說是馬自達約束了他的行為。」

「這個例子真是太精采了，約翰，」西面修士讚道，「不過，請各位記住，馬自達並沒有『糾正』這位組長的行為，是這位組長自己得到了教訓，因而改變了自己的行為。沒有誰能改變得了別人。不是有一句戒酒的名言嗎，『你唯一能改變的人，就只有你自己！』。」

金跟著說道，「我認識一些人，他們自以為可以改變別人。他們老是纏住人，拉人家去信教，想盡辦法要改變別人。那個俄國小說家托爾斯泰（Leo Tolstoy）不就說嗎，『人人都想改變世界，卻無人想要改變自己！』」

「可不是嗎，金？」克莉絲點頭說道，「要是人人都能掃完門前雪，整條街道就會乾淨無比了。」

「西面，身為領導人，難道我們無法激勵別人改變嗎？」葛瑞問道。

「我對激勵的解釋是足以影響別人決定的溝通方式。身為領導人，我們僅能給予必要的催化劑。但是改變與否還是得由對方決定。還記得我們早上所討論的花園開墾嗎？我們沒辦法讓植物生長。我們能做的只是提供良好的生長環境以及必要的催化劑，這樣別人就可以自己決定要不要改變並且成長了。」

泰瑞莎也加入討論，「有位名人曾經說過，他的名字我一下子忘了，結婚的理由只有兩個，一個是為了傳宗接代，另一個是被逼得受不了了。」

「說得真好，」李咯咯地笑道，「我知道有一個地方一定可以約束一個人的行為。有誰住過麗池卡爾登大飯店嗎？」

「只有你們這種有錢的牧師才住得起麗池！」葛瑞的語氣很酸。

李沒把葛瑞的話放在心上，繼續說道，「有一次，我大手筆地帶我太太住進離家不遠的麗池大飯店，打算好好享受豪華大床和特別的早餐服務。說也奇怪，我們一踏進飯店大廳，就感覺自己置身在很特別的場所。我是說那裡的工作人員非常熱心，總是會竭力滿足客人的需求，而且那裡洋溢著異常尊重人的氛圍。嗯，就在晚餐前的空檔，我們到飯店的酒吧喝一杯……」

「浸信會的牧師竟然上酒吧喝一杯？」葛瑞毫不客氣地批評。

「你誤會了，葛瑞。我太太確實是喝雞尾酒，但我喝的可是健怡可樂哦。總而言之，我一直饒有興味地看著吧台裡的兩位酒保調酒，同時我也注意到他們對待客人和同事都很客氣、很尊重。我這個人就是按捺不住好奇心，因此就問了其中一位酒保：『嘿！你們這些人到底是怎麼一回事啊？』他客氣地問我：『先生，您是指什麼事呢？』我接著問他：『你知道的嘛，你們無論是對待客人或同事，態度都非常親切，你們是怎麼辦到的啊？』他簡短地答道：『哦，因為麗池一向認為麗池的員工都是服侍紳士淑女的紳士淑女。』我告訴他我覺得這句話很動人，但我還是不太明白。他直直地望著我說：『要是我們達不到紳士淑女的標準，就別想在這裡上班！這麼解釋您就明白了吧？』我聽了拍案叫絕，笑著表示我全明白了。」

克莉絲接著也舉了一個例子，『我想各位應該都聽過荷茲（Lou Holtz）的大名吧，他是有名的聖母院足球隊的前任教練，最擅長鼓舞他所帶領的團隊全心全意地投入。他不光鼓舞球員，還能鼓舞教練、祕書、助理，甚至是伺候茶水的小弟。他帶領的團隊，全都感染過這種全心投入的熱忱。有一次，有個記者就問他，『您是怎麼讓您隊上的每個人都這麼瘋狂投入呢？』荷茲說：『很簡單啊。誰要是敢不投入，我就要誰滾蛋！』」

我們所思考的或是我們所相信的，都無關乎事情的結果；真正關乎事情結果的唯有我們的作為。

——約翰．魯斯金（John Ruskin，十九世紀英國畫家）

第6天 選擇在你

星期五清晨，西面修士一步入教堂就向我道早安，接著就在我身旁坐了下來。我們沉默了幾分鐘，然後西面修士就問起他每天一定要問我的問題。

「我真的很努力學習，可是，西面，我不知道從何著手。比方說，我就不知道該怎麼約束我手下的主管。我根本不知道什麼是約束……」

「約翰，當我以前還在商場打滾時，我從來都不准人事部門訂定一大堆規定或是程序，放在員工手冊裡用來約束他們的行為。我重視的是領導班子的作為，我約束的是這些人的行為。因為我一向認為上行下效，只要領導班子以身作則，下面的人自然就會跟著端正行為。」

「西面，您說的很有道理。」

「在我的從商生涯裡，我接手過很多家經營不善的企業，我常看到大家都把搞垮公司的罪魁禍首，推給開起重機的老王或是收發部門的小妹。但是，實際上，從我的經驗看來，十之八九，問題是出在管理高層。」

「原來您也是這麼認為。西面，其實我太太也……」

「你說的是家裡那位心理醫生嗎？」西面修士笑道。

「哈！您打斷我的話哦，」我半開玩笑地說道，「先生，您這樣很不尊重人哦。」

「非常抱歉，約翰，請原諒我的一時失態。」

「我當然原諒您啊，西面。因為工作的關係，我太太經常會接觸到問題家庭，這些個案發生的問題和您的經驗很類似。經常有父母親帶著孩子來找我太太，然後跟她說：『給我治好這個小孩，他在家裡簡直無法無天了！』不過，根據我太太的經驗，她認為小孩的無法無天只是症狀，而不是問題的癥結所在。她認為，大部分問題都出在父母親身上。」

「有位很有智慧的老將軍曾經說過：『強將手下無弱兵』，無能的不是大兵，而是將領。所以，約翰，你想你工廠裡所發生的工運事件會不會也只是症狀呢？」

「嗯，這個嘛，應該是吧。」我心裡很有罪惡感，很想趕快換個話題。「您可以告訴我什麼是『付諸實踐』（praxis）嗎？西面。您昨天早晨曾經說過，正面的行為導致正面的情感。這到底是什麼意思呢？」

「哦，對了，『付諸實踐』啊，我差點忘了。謝謝你提醒我。習慣上我們總是認為，我們的行為是由思想和情緒所主導的，當然，這種說法並沒有錯。我們的思想、情感，以及信念，這些通常是我們的典範，確實深深影響了我們的行為。而『付諸實踐』則是指出，其實反過來也可以說得通。」

「我不太明白您的意思，西面。」

「我們的行為同樣也能影響我們的思想和情感。當我們對特定的人或事，長期投入注意力、時間、精力，以及其他種種資源之後，我們就會對所關注的對象發展出某種特殊的感情。心理學家認為這是因為我們已經『黏到』對象身上了，我們和這個對象有了感情。『付諸實踐』的現象可以說明人們為什麼會像愛自己親生的小孩那樣地愛他們領養的小孩，也可以說明人們為什麼會黏在寵物、香菸、園藝、名車、高爾夫球、集郵這類日常生活中隨處可見的嗜好上。換句話說，只要我們付出了心力、時間，我們就會被『黏住』。」

「嗯，這倒說明了我為什麼現在還滿喜歡我隔壁鄰居的原因。頭一次見面時，我總覺得他鬼鬼祟祟的，八成不是個好東西。但是，日子一久，在我有機會和他一起打掃後院還有為社區盡力之後，我對他的印象便完全改觀了。」

「我們還可以用一種比較負面的方式來解釋『付諸實踐』，約翰。比方說在戰爭期間，人們經常會詆毀敵人。像我們就會把敵人叫做『死德國佬』、『黃鬼』，或是『越南狗』。你知道嗎，當我們這麼叫久了，就可以很容易眼也不眨地殺了他們。這也就是說，要是我們很討厭某個人，只要待他很壞，我們就會越來越討厭他。」

「我明白了，西面。所謂的『付諸實踐』是不是說，一旦人們做出承諾去愛人、去服侍人，為了實現承諾，我們積極行動，努力去愛人，去服侍人，日子久了，我們就會真的愛上我們所服侍的人？」

「基本上就是如此，約翰。不是有人說過：『弄假成真』（fake it to make it）嗎？哈佛大學著名的心理學家布魯納（Jerome Brunner）曾經說過，行為引發情緒，而非情緒導致行為。」

「沒錯，」我答道，「絕大多數的人，包括我自己在內，都認為要是他們『想要』有所作為的話，他們自然就會有所作為。可笑的是，這種『想要』的情緒卻很少出現。」

「李在星期三所提到的那位作家康波洛，曾經談到『付諸實踐』在挽救失敗婚姻上的功效。他說失敗婚姻是可以挽回的，雖然瀕臨離婚邊緣的夫妻彼此之間的濃情蜜意早已蕩然無存，但是，這種情況是可以改善的。他們還是可以重拾戀愛時的濃情蜜意，只要他們肯照著他說的方法來進行。要實行這個方法，首先，雙方都必須同意給自己一個月的時間來試試看。在這一個月裡，雙方都要以剛陷入情網時，那種風花雪月的方式來對待對方。因此做先生的就必須時時說些甜言蜜語，給她送花、帶她去約會等等，反正，就是把他們當初談戀愛的時候，他所做的『蠢事』再做一遍。至於做太太的也是一樣，要把先生當成是剛認識的男朋友，要時時讚美他，為他燒幾道最愛吃的菜。康波洛認為，只要雙方能夠努力撐過一段時間，他們一定可以找回當初那種甜蜜的感覺。這就是『付諸實踐』，行動可以激起感覺。」

「但是，西面，凡事起頭難啊。您要知道，逼自己去讚美、尊敬很討厭的人，或是好好對待自己很受不了的人，可是強人所難啊！」

「沒錯，的確是很困難啊，要重新長出情感新肉就和骨頭重新長出新肉一樣地痛苦。剛開始時確實很難受。但是只要願意說到做到、堅持下去，再加上適度的鍛鍊，就和骨頭長肉一樣，情感新肉也會長出來啊，而且這些新肉將會長得更加結實、更加強壯呢。」

沒想到西面修士連個推諉的藉口都不留給我！

我坐在教室裡，眺望著窗外湛藍美麗的湖水。壁爐裡的火熊熊地燃燒著，正在燃燒著的樺木枝不時發出啪啪啦聲。今天已經是星期五了，一個星期怎麼這麼快就過去了？

西面修士等到鐘聲響完才開始上課。

「我見過很多父母、配偶、教練、老師，或是其他領導人，這些人全都不願負起領導人的責任，也不願做出領導人應該做出的決定和行為。比方說，他們會說：『等到孩子變乖了以後，我就會好好疼愛他們。』或是『等到我老婆肯對我好了之後，我就會開始關心她。』或是『要是我老公說話不是那麼無聊的話，我當然會乖乖地當他的聽眾啊。』或是『要是老闆肯對我好一點的話，我自然就會對屬下好一點。』或是『等我升官之後，我一定會好好照顧員工的。』各位一定都聽過這類話吧，『要是怎樣怎樣，我就怎樣怎樣。』」

「這次課程的最後一天，也就是明天，我將會與各位一起討論領導人應負的責任以及應做的選擇。我們曾經在星期三討論過，領導始於選擇。領導人選擇接下重責大任，這是他們自願的，並且願意付諸行動。但是，有很多人並不想負起他們在生活上所應負的責任，他們選擇將責任丟到腦後。」

「沒想到您會這麼說，西面，」金說道，「我才剛當上護士時，被派到一家大型市立醫院的精神科工作。我發現那些患有心理問題的病人大部分都有一個毛病，他們都患有『責任錯亂』（responsibility disorders）症狀。有些精神官能症的病患為自己攬了太多責任，他們認為千錯萬錯都是自己的錯：『因為我是個糟糕的老婆，所以我老公才會變成酒鬼。』或是『因為我是個失敗的父親，所以我的孩子才會變成老菸槍。』或是『因為我今天早上忘了禱告，所以天氣才會轉壞。』相反地，有些人格失調的病人卻不肯為自己的行為負起責任。他們一口咬定千錯萬錯都是別人的錯：『都是因為老師管教無方，所以我的小孩才會變壞。』或是『都是因為老闆討厭我，所以我才升不了官。』或是『都是因為我爸是個酒鬼，所以我才酗酒。』還有一類病人兩種症狀都有，他們同時患有精神官能症與人格失調，因此，他們有時候覺得千錯萬錯都是別人的錯，有時候又覺得千錯萬錯都是自己的錯。」

「金，那麼妳覺得，我們現在這個社會是屬於精神官能症式的社會呢？還是人格失調式的社會呢？」西面修士問道。

金還來不及回答，葛瑞馬上脫口而出：「廢話！」他幾乎是吼著說道，「美國當然是那種人格失調式的社會啊，這是全世界都知道的！沒有人肯為任何事負起責任，大家只會互踢皮球！比方說，華盛頓特區的市長不是被拍下吸毒的錄影帶嗎？他竟然還敢指控這是種族歧視的陰謀！還有那個把車開進湖裡淹死後座兩個兒子的女人，不是也說她之所以會犯下這樣令人髮指的罪行，是因為童年時曾經受到性虐待！西岸不是還有名少年，一口氣用槍轟掉他的父母，所用的理由也是童年遭受虐待！甚至連老菸槍竟然也可以控告菸草公司，控告他們害他染上菸癮！還有，通靈人竟然敢控告醫院，指控醫院幫她進行電腦斷層掃瞄，害她喪失通靈能力、不能靠這能力賺錢！在舊金山不是還有鬧事工人開槍射殺市長和警察嗎？還說這是出於『正當防衛』！兇手還大言不慚地說，他是因為吃了太多的垃圾食物因而『暫時性失去理智』！天哪！我們這個社會還有人有責任感嗎？」

「我認為一個原因是出在，」西面修士接著說道，「美國濫用了佛洛伊德的心理學說。毋庸置疑，佛洛伊德確實對心理學貢獻良多，這一點我們確實很感激他。然而，他所提出的『決定論』卻為人類的各種醜行提供了絕佳的藉口，使我們得以狡猾地擺脫我們應該為自己的行動所負起的責任。」

「什麼是『決定論』啊？西面」我問道。

「簡單說，決定論就是說每一個事件或是結果——不管是物理事件或心理事件——背後，都有原因存在。要是你按步就班地照著食譜的指示去做蛋糕，最後一定能做出一個蛋糕。或者說，約翰，像是在你的玻璃工廠裡，把沙子、塵灰，以及其他原料熔在一起，最後就會製出玻璃來。最狹義的一種決定論認為，要是我們能掌握事件的原因，不管是物理的或心理的，我們就能預測出結果來。」

「這種說法有點不通哦，」李反對這種說法，「要是『有因就有果、有果就有因』的說法是對的，我們就沒辦法解釋宇宙的創生了！要是我們推回宇宙才剛大爆炸的那一刻，整個世界才剛開天闢地，這時候什麼都沒有，我們怎麼解釋後來發生的一切？是誰創造了氮原子、氫原子、以及其他一大堆原子的？這類問題問到最後就問不下去了，一定得有個東西是無中生有啊。要是拿宗教來說，我們會說萬物始於造物主！」

葛瑞好像快被煩死了，「拜託！牧師大人，你非得每天傳教嗎！」

「你說得很對，李。科學始終無法解釋第一因（**first cause**）的生成，」西面修士繼續說道，「但是，很多人都相信這套宣稱事出必有因的決定論，在所有的物理事件上都能成立，雖然這套理論經常受到科學最新發展的挑戰。然而，佛洛伊德卻更進一步地把這套理論應用到人類的心理上。他宣稱，人類根本沒有選擇的權利，而所謂的自由意志不過是種錯覺。他認為我們的行動和選擇，其實都是由我們無法察覺的潛意識所決定的，他還說，要是我們充分了解每個人的先天遺傳與後天環境，我們就可以準確地預測出他的行為，以及他會做的選擇。佛洛伊德的這套學說無疑給了自由意志狠狠的一擊。」

泰瑞莎說道，「遺傳學上的決定論讓我們可以把責任推給祖先，『都是我爺爺的基因害我變成酒鬼的！』而心理學上的決定論讓我們可以把責任推給悲慘的童年，『都是我爸媽害我今天生活得這麼不如意！』而環境上的決定論讓我們可以把責任推給老闆，『都怪老闆沒給我好的工作環境，所以我的工作表現才會這麼差！』天啊，我現在可以為我的行為找出上萬個新藉口，這不是太棒了嗎！」

「關於先天遺傳和後天環境的討論，由來已久。」金說道，「我想大家都明白，儘管遺傳和環境確實會對人類造成影響，但是人類依然擁有自由選擇的權利。我可以舉同卵雙胞胎為例，他們是從同一個受精卵分裂出來的，所以他們擁有一樣的基因、一樣的遺傳。他們同時在同一個家庭裡長大，也就是說，他們的後天環境也一樣。但是，他們終究會長成完全不一樣的兩個人。」

「這一期的《生活》雜誌上不是登了一篇泰國雙胞胎的報導，你們看過這則報導嗎？」葛瑞問道。

「唉，那篇報導寫的是連體嬰啦，葛瑞。」李忍不住糾正葛瑞。

「不管啦，」葛瑞還是繼續說道，「反正那對連體嬰共用一個身體，可是卻有兩個頭。但是，奇妙的是，這對連體姊妹花的個性啦、喜好啦、行為啦，竟然全都不一樣！就連她們的父母親都認為她們是完全不同的兩個人，只不過共用了一個身體！」

「又是一個例子，」金說道，「相同的基因，相同的環境，卻造就出完全不同的兩個人。」

西面修士接著說道，「你們舉的例子真是太棒了！我想跟你們分享一首我個人相當喜歡的詩，作者不詳，這首詩叫做〈決定論又來了〉（Determinism Revisited），詩是這樣寫的：

我走訪心理醫生，接受心理治療，

盼他告訴我為何揍黑了情人的雙眼。

我躺在舒服的躺椅上，聽他說出高見，
於是，從我的潛意識裡，他竭力搜尋出答案；
當我一歲時，媽咪把我的洋娃娃鎖進箱子裡，
怪不得我現在會變成酒鬼！
當我兩歲時，有一天看到爹地親了女傭，
怪不得我現在老犯偷窺的毛病。
當我三歲時，我的弟弟出生了，
從此沒人喜歡我，
怪不得我現在會動手修理女朋友。
聽完這些解釋，我實在樂得沒話說。
因為，我終於明白，
千錯萬錯原來都是別人的錯！
都是性欲惹的禍；
都是潛意識惹的禍；

真是感謝您哪，佛洛伊德！」

大家全都哄堂大笑，只有克莉絲不為所動，我於是問她，「克莉絲，妳看起來好像很不贊成。妳有什麼看法呢？」

「我不認為人有自由選擇的權利。比方說，很多研究報告都指出，酒鬼的子女大多也會淪為酒鬼。酗酒不就是一種疾病嗎？這和選擇無關啊！」

「真是個好問題，克莉絲。」西面修士說道，「像我的家族就有酗酒的病史，所以我很清楚我的體質對酒精特別難以抗拒，非得小心控制不可。可是，話雖如此，我在二、三十歲的時候，簡直沒有酒就活不下去。可是，就算我的體質對酒幾乎沒有抵抗力，但是，要是我把酗酒的問題全推給父親或祖父，這樣合理嗎？其實是『我自己』拿起第一杯酒的！」

我又覺得有話不吐不快了，「我最近上了一門課，題目是企業倫理。講師把責任（responsibility）這個字拆成回應（response）和能力（ability）兩個字。他還說，我們隨時隨地都會碰到麻煩事，像是待繳的帳單啦、可惡的老闆啦、可惡的員工啦，婚姻出了問題啦、子女鬧事啦、和鄰居處不好啦，還有其他一籮筐的麻煩。我們總是會遇到麻煩，無從遁逃。不過，身為人類，我們卻有權『選擇』回應問題的方式！」

「事實上，」西面修士說話的速度比平常快了一些，「有權選擇回應的方式確實是人類的偉大天賦之一。動物只能憑本能來回應。密西根州的熊所築的巢穴和蒙大拿州的熊所築的沒什麼兩樣；俄亥俄州的藍松鴉築的鳥巢和猶他州的藍松鴉所築的鳥巢也沒什麼兩樣。還有，我們雖然可以教會海洋世界裡的海豚跳鋼圈，但是海豚卻無法累積學習心得，牠們只知道跳鋼圈就有魚吃。」

葛瑞點頭說道，「是啊，同樣是在越戰中受傷，落到只能坐輪椅的老兵，有人染上毒癮，只能靠海洛因度日，但是也有人奮發向上，最後當上退伍軍人協會的會長！他們都遇上了一樣的麻煩，但是他們回應的方式卻截然不同！」

西面修士接著說道，「各位聽過弗蘭克（Viktor Frankl，人本與存在主義心理學家）這個人嗎？他寫過一本很有名的書《活出意義來》（*Man's Search for Meaning*）。我要向各位鄭重推薦，這本書實在太棒了。弗蘭克是一位猶太裔的心理學家，畢業於頗負盛名的維也納大學，日後還成為該校的教授。順帶一提，佛洛伊德也是維也納大學畢業的。弗蘭克一直很崇拜佛洛伊德，他也是決定論的虔誠信徒。然而，在第二次世界大戰期間，弗蘭克被關在集中營裡好幾年。納粹幾乎殺光了他的親人，奪走了他名下所有的財產，而且還經常拿他做些可怕的醫學實驗。他忍受的痛苦絕非筆墨可以形容，要是胃腸不太好的人聽到他的遭遇，恐怕會忍不住吐出來。雖然他的身心飽受煎熬，他卻對人類和人性有了更深刻的了解，也讓他對決定論的價值起了懷疑。他在這本書裡曾經寫道：

> 佛洛伊德曾經宣稱，「要是有人將一群性格各不相同的人置於同樣的饑餓狀態，隨著饑餓程度的增加，這些人在饑餓感的驅使之下，彼此之間的個性差異將逐漸消失，轉而表現出一致的反應和行為。」感謝老天，佛洛伊德可從來沒住過集中營。他可是待在呈現維多利亞時期風格的豪華房間裡看診，他的病人是舒服地躺在躺椅上，他們可不是置身在骯髒污穢的奧斯維茲（Auschwitz）集中營裡！在集中營裡，「個性差異」可不是逐漸「消失」，相反地，是變得更加明顯。
>
> 卸下面具的人哪，可以是嚎叫的豬，也可能是聖人。人絕對可以主宰自己的行為。人確實是由自己所塑造出來的。好比在這個集中營裡，在這個活人實驗室裡，我們親眼

目睹，有的牢友慘叫地像頭豬，有的牢友卻表現得像個聖人。其實，在人的身上，同時具備這兩種潛能。至於會表現出哪一種，是由「個人選擇」決定，而非由「環境條件」決定。

我們這一代是極端現實的一代，因為我們是看透了人類真實面目的一代。總之，人類可以建立奧斯維茲集中營的毒氣瓦斯室，人類也可以嘴裡虔誠唸著上帝的禱詞或是猶太經文，坦蕩蕩地步入毒氣瓦斯室。」

過了一會兒之後，泰瑞莎平靜地說道，「又是一次打破成規！沒想到一個全身都留著決定論血液的心理學家竟然會說出：『人絕對可以主宰自己的行為，人確實是由自己所塑造出來的』，甚至是『至於會表現出哪一種，是由個人選擇決定，而非由環境條件決定。』真是太神奇了！」

下午上課的時候，西面修士再一次強調責任和選擇的重要性。

「我要告訴各位一個故事，這個故事發生在我身上，差不多是在六十年前發生的。那時我讀六年級，我的級任導師是凱密先生，他曾經說過一段話，讓我印象非常深刻。有一次，我們班上的孩子又在抱怨作業太多，凱密老師於是拉高嗓門大聲說，『我可沒辦法逼你們寫作業！』大家注意聽好，然後他接著就說，『人生在世只有兩件事非做不可，一件是人一定要死，另一件是……』

「繳稅！」葛瑞馬上接口。

「沒錯，葛瑞。正是死和繳稅這兩件事！這兩件事對才小學六年級的我來說，根本是遙不可及的。這干我什麼事啊！我還小，死亡可是好幾百萬年以後才會發生的事。而且我連半毛錢也沒有，哪還需要繳稅啊。所以，這也就是說，我徹底解放了，我什麼都不用幹了！然後我就放學回家。那天是星期二，是收垃圾的日子，晚上我老爸對我說：『兒子，出去倒個垃圾吧。』我就說道：『老爸，你知道嗎，凱密老師今天說，在這世界上只有兩件事是非做不可的，就是死和繳稅！』我永遠忘不了我老爸的回答，他看著我，一個字一個字慢慢地說道：『兒子啊，很高興你在學校學了這麼多有用的知識。很好，你皮最好繃緊一點，你要是不去倒垃圾的話，我就把你揍到死！』」

全班哄堂大笑，西面修士繼續說道：「話說回來，凱密老師說的話不盡然是對的。世界上真的有人可以不用繳稅。比方說，越戰時，有人不想上戰場，就逃到西北部去，在森林裡過著自給自足的生活。他們根本不用錢，當然也不用繳稅了。不過，各位，在這個世界上確實只有兩件事是人非做不可的，就是死亡和選擇，任誰也無所遁逃。」

「誰說的！還是可以乾脆放棄生命，完全不做選擇也不下決定吧？」葛瑞又有不同意見。

泰瑞莎答道，「丹麥哲學家齊克果（Kierkegaard）曾經說過，不做決定本身就是一個決定，不做選擇本身就是一種選擇。」

「西面，我們談了老半天的選擇和責任，您到底想要說什麼呢？」葛瑞又問道。

「別忘了，葛瑞，我們曾經說過，威信和領導是始於決心的。所謂的決心指的就是把意圖和行動連繫起來的選擇。其實我要說的是，到最後，無論如何，我們都要為我們的行為做出選擇，並且接受伴隨選擇而來的責任。我們是要忍耐，還是不忍耐？我們是要心存恩慈，還是嚴以待人？我們是要認真傾聽，還是只想找機會插嘴？我們是要謙卑，還是自大？我們是要尊重別人，還是粗魯相待？我們是要誠實，還是欺瞞？我們是要全心投入，還是蜻蜓點水？」

「西面，」葛瑞的語氣好多了，「我一直在想我先前對您說過的那些話，當我們討論到愛的種種表現時，我那時說那根本有違本性。但是您卻馬上告訴我，我並非做不到，我要是對著大人物就一定做得到。可是，我覺得以我的本性來說根本就做不到啊，要我以這樣的方式帶領手下的阿兵哥，我只要一想到就頭皮發麻。這根本違背人性嘛。」

泰瑞莎跟著又說，「人性？人性是什麼？有個專家曾經說過：『人性就是穿著褲子大便！』」

「哈，真有一套！妳是從哪裡看來的啊？」葛瑞打趣道。

「這是心理學家暨演說家派克（M. Scott Peck）說的，我從他的書《心靈地圖》（*The Road Less Traveled*）中看到的，」泰瑞莎笑了笑，「乍聽之下有點不雅，不過，我覺得他說得挺有道理的。對小孩子來說，練習上廁所一定是全天下最違反人性的事，還不如直接拉在褲子上方便呢。但是，經過一段時間的訓練之後，原本違反人性的事就變得再自然也不過了，小孩越來越能自我克制，不再把大便拉在褲子裡，也懂得要跑到廁所坐馬桶了。」

「我覺得這個道理適用於各種訓練，」金說道，「我們可以訓練自己學會各種事情，像是上廁所、刷牙、讀書寫字，以及其他技能。現在我明白了，所以，所謂的訓練就是讓我們學會違反本性的技能。」

「說得太好了！」西面修士讚道，「我們確實可以訓練自己學會看起來很違反本性的技能，直到這些技能變成習慣，進而習慣成自然！人其實是習慣的動物。你們有沒有發現啊，你們這個星期上課時，都是坐在你們第一天所坐的位子上，你們都沒換過位子哦。」

「您說得沒錯，西面。」我現在才發覺，這確實有點可笑！

西面修士繼續說道，「我想各位可能聽過，發展新習慣或是新技能必經的四個階段。不管是發展好習慣還是壞習慣，不管是發展好技能還是壞技能，不管是發展好行為還是壞行為，都要經過這四個階段。告訴你們一個好消息，這四個階段也適用於發展新的領導技能。」

西面修士走到黑板寫下：

第一個階段：無知無覺，尚未學習（Unconscious and Unskilled）

「在這個階段，我們對應該發展的行為或是習慣，都還無知無覺。這是最原初的階段，這時候，你的母親還沒教你蹲馬桶，你還沒開始抽第一根菸或是喝第一杯酒，也還沒開始滑雪、打籃球、彈鋼琴、打字、讀書寫字等等。在這個階段，你根本還沒認識到你要學的技能，對它也還不感興趣，當然也還沒開始學習。」

接著，西面修士又在黑板寫下：

第二個階段：已知已覺，正在學習（Conscious and Unskilled）

「在這個階段，你已經認識到應該學習的新行為，不過還沒學會。這時候，你的母親已經開始教你蹲馬桶，你也抽了第一根菸但被菸嗆到，你也喝了第一杯酒但覺得酒很難喝，你也開始滑雪、投籃、打字、彈鋼琴。這個階段最可怕了，非常違反人性，你甚至會感到備受威脅。葛瑞，你剛才不是說了，只要一想到要實踐我們上課時所談的道理，你就感到頭皮發麻……這是因為你就處在這個階段啊！但是只要堅持下去，你很快就能進到下一個階段……」西面修士又在黑板上寫下：

第三個階段：已知已覺，已經學會（Conscious and skilled）

「到了這個階段，你已經學會了，而且也越來越適應新的行為或技能。這時候，你很少會把大便拉在褲子上，你開始覺得菸很好抽，酒很好喝，你再也不怕滑雪了，打籃球也頗有成為麥可．喬登（**Michael Jordan**）第二的架勢，打字或彈琴時不須再低著頭找鍵盤了。你在這個階段越來越『上手』了。各位，你們認為下一個階段又該是什麼呢？」

「不知不覺，運用自如！」有三個學員同時脫口而出。

「答對了！」西面修士一邊說一邊在黑板上寫下來。

第四個階段：不知不覺，運用自如（Unconscious and skilled）

「到了這個階段，你可以說是運用自如、爐火純青了。這時候，每天早上起床刷牙、上大號，對你來說，已經是再『自然』不過了。這時，你也可能變成酒鬼、菸槍，你根本戒不了這些習慣！這時，當你從山頂上俯衝滑下來，就自然得像是在街上漫步！麥可・喬登就是這種境界的代表！很多籃球評論家都誇他在球場上的表現彷彿呼吸般自然，這種形容倒是很貼切。喬登根本不用腦子打球，他不必思考打球的戰術或是方法，因為他早已和籃球融為一體了。同樣地，技巧純熟的鋼琴家或是打字員根本不須看鍵盤，就可以『運鍵如飛』。在這個階段，這些行為或是習慣就蛻變成我們的『本性』了。葛瑞，在這個階段裡，領導人已經把他們的領導行為內化成習慣，進而內化成『本性』。這時，領導人不須刻意扮演，自然而然就是個好領導人。領導人也不必刻意扮好人，因為他自然而然就是個大好人。」

「西面，這聽起來好像是在塑造個性哦？」我問道。

「沒錯，約翰。」西面修士肯走地答道，「其實領導無關個性（personality）、掌控的能力，或是領袖魅力，而是和你『這個人』有關。以前，我以為領導是和個人風格有關，但是現在我覺得，領導其實是出於本性，也就是性格（character）。」

「是啊，這麼說好了，」李說道，「偉大的領導人，他們的個性和風格都各有不同。比方說，巴頓將軍和艾森豪將軍，艾科卡（Lee Iacocca）和玫琳凱（Mary Kay），羅斯福總統和雷根總統，葛拉罕（Billy Graham）和馬丁路德．金恩博士……雖然他們都是很出色的領導人，但是他們的行事作風卻完全不同。西面，您說得很對，他們之所以成功，一定不是光靠風格或個性。」

西面修士接著說道，「領導或愛是建立在性格之上。忍耐、恩慈、謙卑、無私、尊重、寬恕、誠實、守信……這些都是性格啊。要是我們想要成為成功的領導人，我們就要發展這些性格，最好進一步將這些性格內化成行為或是習慣。」

泰瑞莎說道，「我實在不想再引用什麼名言了，不過我想到一句很貼切的話，就算是決定論者也會喜歡。這句話是這麼說的：『思想引導行為，行為變成習慣，習慣塑造性格，性格決定命運。』」

「天哪，我愛死這句話了，泰瑞莎！」李讚道。

「是哦，讚美主！」葛瑞又在碎碎唸。這節課也到下課時間了。

一分努力，數分回報。

——吉姆・洛南（Jim Rohn，美國企業管理顧問專家）

第7天 回饋多多

A Simple Story About the True Essence of Leadership

The Servant

四點五十分，我已經坐在西面修士的身旁。我不發一語，這是我們最後一次在清晨碰面。

西面修士突然轉過頭，問我，「約翰，在過去這一個星期裡，哪一件事最讓你獲益良多？」

「嗯……很難說……不過，『愛是動詞，不是名詞』這句話倒給了我不少啟發。」我答道。

「你學得很好啊，約翰。很久很久以前，有一位律師，不過，當時大家都叫律師為經學教師（scribe）。這位經學教師跑去試探耶穌。他問耶穌哪一條誡命是第一重要的。你要知道，猶太教義歷經好幾世紀的流傳轉述，已經留下好幾千卷書卷了。而這位經學教師居然強人所難，要求耶穌在好幾千卷教義裡，找出『一條』最重要的誡命！耶穌應允了他的請求，簡單地告訴他：『你要全心、全情、全力、全意愛主——你的上帝，又要愛鄰人，像愛自己一樣。』（〈馬可福音〉十二章三十一節）」

「也就是說，愛遠比上教堂或是遵守戒律還來得重要囉？」

「我向來認為，在我們的人生旅途上，身旁要是有一群人和善相伴，是很棒的一件事。但是這一切都遠不及愛來得重要。聖徒保羅遠在兩千年前就已說過，到頭來，人生最重要的三件事就是『信、望、愛』。而其中最重要的就是愛。既然你剛剛說到了愛，約翰，我想你真的走對了方向。」

「可是，西面，您可是個僧侶哪，但卻沒有硬跟我們傳教或是強迫推銷宗教理論！」

「我記得聖奧古斯汀（St. Augustine）曾經說過，我們應當隨時隨地傳播福音，但是，唯有必要，方使用語言。」

「這話說得一點都沒錯。其實，我覺得您根本毋須訴諸語言，您的一生就足夠做為我們效法的榜樣，我是說，您可是無私的典範啊，您捨棄了一切來到這裡服務。」

「你剛好說反了，約翰。我來到這裡的理由可是很自私的。藉著奉獻、自我犧牲、服從修道院院長和修道院的規定，我奇妙地除去了本性上的自我中心。我越是放下驕傲和自我，我越是覺得生命裡充滿喜樂！約翰，我所感受到的喜樂絕非筆墨所能形容。而我之所以留在這裡服務，完全是出於自私心態，因為我想感受更多喜樂！」

「西面，我真希望能像您一樣，有所信仰。我們在這個星期裡所討論到的信心啦、領導啦、愛啦、還有其他的種種道理，對您是易如反掌，對我卻是難如登天啊。」

「約翰啊，你要明白，事情永遠都不會像它們一開始看起來的那樣。一開始，我也覺得這些道理很可怕，很難做到。只有上帝知道我掙扎得有多辛苦，直到今天，我仍在掙扎。我得努力壓下自我，盡力為別人著想。不過，我得承認，這些道理現在實行起來是容易多了。現在，這些道理對我來說已是『不知不覺，運用自如』了。這全賴耶穌基督一路對我的眷顧。」

「唉，我就是這點弄不明白。我知道您很信仰上帝，也知道耶穌確實對您很眷顧。但是，我是很難被說服的，除非提出更多證據。很遺憾的，我想您提不出證據證明上帝存在的。」

「你說得對，約翰。我是提不出證據證明上帝存在，誠如你也提不出證據證明上帝不存在。儘管如此，我依然隨處可見上帝的蹤跡。可惜，你所看到的世界和我的很不一樣啊。還記得我們先前上課時曾經討論過，我們永遠看不見世界的真貌，我們只看到我們想看的世界？」

「您是說，或許我應該換個角度看事情囉！」

「約翰，你得了解選擇性認知的威力啊。我們只會看到我們想看的事情！」

早上的課還有半個小時才開始，我坐在沙發上，望著爐火發呆，整個人陷入深深的思緒裡，不知身在何方。不知怎麼地，淚水從我的臉頰滑落，我有三十幾年沒流過眼淚了。

葛瑞走過來，在我身旁找了張沙發坐下，他拍拍我的膝蓋，問道，「你還好吧，老兄？」

我只是點了點頭。說也奇怪，而且出乎我的意料之外，我竟不覺得丟臉，也沒想到要加以掩飾。我就這麼讓眼淚汩汩地流淌下來。

葛瑞仍然坐在一旁陪著我，什麼話也沒說。

「我們的課還有兩個小時就結束了。不知道各位對我們這個星期所上的課有什麼意見？各位要是有什麼不同的想法或疑問，都可以趁現在提出來。」

「對我來說，好像有很多功課得做呢，」我的聲音還有點啞，「我得努力建立影響力，努力關心別人，愛人，為人著想，還得努力建立新行為以擺脫我嘮叨的毛病。西面，我真想問問您，這一切的努力是否值得呢？」

「約翰，這個問題我也問了自己好些年了。要做一名威信式的領導人本來就要做出選擇並且付出犧牲，還要高度的自我紀律。不過，話說回來，這是我們自願接下領導人的職務後，所應負起的責任啊。」

克莉絲有點坐立不安，似乎急著想發言，「我經常告誡我所帶領的運動員，他們得養成紀律，而紀律靠的是下苦功和全心投入。不過，只要有所付出，回報可是很豐碩的。舉個例子吧，在座哪位有定期運動的習慣啊？」

「我每星期溜直排輪三到四次。」金回答。

克莉絲繼續說道，「金，在妳定期練習溜直排輪的過程中，有沒有得到什麼好處呢？」

「當然有囉！」金興奮地說道，「我整個人變得越來越有活力，心情變得越來越輕鬆，精神變得越來越好，也不再擔心發胖了，甚至連經前症候群的症狀都減輕很多。而這還只是初學者所能得到的好處哦！」

「所以，我們做教練的就經常告誡球員紀律的重要性。不管學什麼，只要養成紀律，就好處多多，比方說練習上廁所啦，刷牙啦，讀書寫字啦，受教育啦，彈鋼琴啦……我想，就算我們要學習當一名威信式的領導人，紀律也是很重要的。」

「妳說的非常正確，克莉絲。」西面修士高興地說道，「養成紀律確實是好處多多，或者說是『回饋』多多。各位還有別的感想嗎？」

「換我來說吧，我來說個最簡單的好了，」泰瑞莎說道，「當我們懂得推己及人、為人犧牲奉獻之後，我們就能建立影響力。一名能夠建立影響力的領導人，一定是大家都很需要的領導人。」

「謝謝妳，泰瑞莎。還有哪位要跟我們分享啊？」

「人生從此多了一項使命，」葛瑞鼓起勇氣說道。

「此話怎講啊，葛瑞？」西面修士問道。

「我之所以從軍的一個理由是，我想過一個有意義的人生。對我來說，所謂有意義的人生，就是有目標、有使命、有願景的人生，這是我每天早上願意起床的理由。就像克莉絲說的，養成紀律的好處多多，當然，對一名軍人來說，養成紀律更是重要。我覺得，領導人藉著為他們所領導的人犧牲奉獻，進而建立威信，給了領導人真實的願景，給了領導人前進的目標。而透過這樣的願景和目標，領導人的生命就有了莫大的意義。」

「你說得好極了，葛瑞。謝謝你的一番話。」西面修士笑著說道，「要是你們仔細看過威信式領導的職務說明，就會發現該做的事情可是很多的。要恩慈、要認真傾聽、要心存感恩、要讚美人、要肯定人、要設立標準、要認清期許、要督促別人達成既定目標……誠如葛瑞所言，這些全都是每天要持續努力的使命。」

「換句話說，」李也發言了，「威信式領導的紀律人生其實就相當於個人使命宣言（**Personal mission statement**）的人生。近年來，很多組織都很流行寫下它們的使命宣言，藉以表達它們的立場與所支持的理念。想清楚我們的主張和立場，並且形之於個人使命宣言，應該是很重要的。不是有人說過嗎，要是我們一點立場都沒有，我們就什麼也不是了。」

「我以前在商場上打滾時所學到的一個教訓是，」西面修士突然開口，「公司有個使命宣言固然是件好事，甚至可以當做奮鬥的目標。但是我們必須明白，人們總是先買領導人的帳，然後才會為公司的使命賣命。他就是說，一旦人們願意服從領導人的領導，不管領導人提出了什麼樣的使命、目標，人們都會照單全收的。」

泰瑞莎接著說道，「我真要好好謝謝你，葛瑞，關於你所說的使命、目標、還有意義。我的學生總是在尋找人生的意義和目的，他們甚至拼了命地尋找。然而，要是找不到，他們就會自暴自棄，陷入幫派、毒品、暴力，或是其他的壞事裡，以逃避內心的空虛。」

西面修士也說道，「我曾經看過一份社會學的研究報告，這份報告調查了一百位年過九十的老人家，這份報告只問了一個簡單的問題：『如果生命可以重來一遍，你會有什麼不同的打算？』前三名的答案是：多冒險、多反省、多為後人造福。」

「我覺得，威信式領導絕對免不了冒險，」葛瑞毫不猶豫地說道，「要是遇上了威權式的老闆，那就有好戲可看了！」

「我說葛瑞啊，人生本來就是一場冒險啊，」我說道，「尤其是對領導人而言。你應該聽過『不入虎穴、焉得虎子』這句話吧？休士頓油人隊的前任總教練菲利普（Bum Phillips）不就說過：『教練只有兩種，一種是已經被炒魷魚，另一種是即將要被炒魷魚！』面對事實吧，要幹領導人就得冒風險啊。」

「我對報告中所說的多反省是心有戚戚焉哪，」金說道，「我們剛開始上課的時候，西面曾經要我們大家多反省身為領導人所肩負的重責大任，我們得為我們所領導的人負責。我覺得這些老人家說得對極了，我們應該現在就好好反省我們所肩負的責任，而不是到了晚年進了養老院後再來後悔。」

李也跟著說道，「我倒是很認同多為後人造福這個答案。我常花很多時間陪伴老人家，所以我知道當我們老了以後，念茲在茲的就是不曾為別人付出過什麼，這甚至會影響到我們能否心平氣和地面對死亡。到了生命的盡頭，只剩一個最要緊的問題：『我們這輩子到底做過什麼？』既然我們身為領導人，我們就擁有絕佳的機會能為別人『做點什麼』。要是我們還是和其他人一樣，要是我們還沿用過去那種威權式的領導方式，要是我們還是說：『照我說的做，要不然你就倒大楣了！』那就根本沒有人願意追隨我們，我們也沒辦法為別人做出貢獻。」

泰瑞莎又說了，「造福別人確實很重要。印地安人有句話說：『人一出生，本人哀啼，眾人歡喜。要是一生都能好好度過。他日辭世，眾人哀啼，本人歡喜。』」

「我很喜歡這句話，泰瑞莎。」金深有同感，「西面，我覺得成功的領導還能給我們帶來靈性上的好處。要是我們確實以威信來領導，處處為他人設想，不就等於遵循了『黃金定律』嗎？我在好幾年前曾經上過一門比較宗教的課，我在課堂上讀到了一本書，是宗教學者史密斯（Huston Smith）的經典著作《人的宗教》（*The world's religions: our great wisdom traditions*）。他在結語中談到了世界上各個偉大的宗教彼此之間的關係，他說，所有的偉大宗教都有一個共同點，就是它們都存在著某條『黃金定律』。」

「說得太好啦，金！」克莉絲讚道，「我一直都不知道該怎麼在靈性信仰和工作之間取得平衡，妳倒給了我一個線索。足球教練文斯．隆巴迪不是說過嗎，『我用不著喜歡我的球員或是助手。但是，身為領導人，我非得愛他們不可，而且我想怎麼被人對待，我就要怎麼對待他們。』我到底希望別人怎麼對待我呢？我希望領導人對我有耐心嗎？我希望領導人關心我嗎？我希望領導人讚美我嗎？我希望領導人鼓勵我嗎？我希望領導人真誠待我嗎？我希望領導人尊重我嗎？我希望領導人滿足我的需求嗎？我希望領導人在我搞砸時原諒我嗎？我希望領導人對我誠實嗎？我希望領導人給我指教嗎？我希望領導人為我負責嗎？我希望領導人信守承諾嗎？我當然希望領導人能這麼對我！所以，對我來說，這條黃金定律就是，我想怎麼被人對待，我就應該怎麼待人。」

「要是天父果真住在天堂裡，當然，關於這一點，我個人向來是深信不疑的，」西面修士輕輕地說道，「你們想想，祂難道不會在天堂裡立下相親相愛這條規矩嗎？我還要提醒各位一次，愛不是一種感覺，而是一種行為，一種對待別人的行為。我可以打個比喻，就拿我和我的五個孩子來比擬天父和祂的子民吧。身為一個父親，我很清楚孩子之間不會永遠相安無事。他們一定會經常爭吵，經常看對方不順眼。但我還是希望他們能夠相親相愛，好好對待對方，就像他們希望被人對待的那樣。這是我在家裡立下的規矩。你們想想，難道上帝不是這樣看待祂的子民嗎？」

沒想到葛瑞竟然沒有出聲反對。接下來是休息時間。

「我們的課只剩最後一個小時了，」西面修士開口，「我們已經討論過養成威信式領導的紀律之後所會得到的種種好處了。但是我們還忘了提一個最重要的好處，那就是喜樂。」

「什麼喜樂啊？西面。」葛瑞充滿敬意地問西面修士，「領導和快樂有什麼關係啊？」

「葛瑞，我說的是喜樂，不是快樂。快樂與否是建立在發生了什麼事情之上。要是有好事發生，我就感到快樂；要是有壞事發生，我就感到不快樂。喜樂和快樂不同，喜樂是更深層的感受，它和發生了什麼事情無關。幾乎所有最偉大的威信式領導人，像是佛祖、耶穌基督、甘地、馬丁路德·金恩博士或是德蕾莎修女，都曾經談到喜樂。喜樂是一種發自內心的滿足，是一股堅定的信念，相信自己已經明白了生命中最為深刻永恆的真理。為人奉獻讓我們從自我的枷鎖裡釋放出來，而過多的自我卻堵塞住了生命的喜樂。」

我當下有感而發，「我那當心理醫生的老婆曾經告訴我，她見過很多過度自我的病人，這些病人在情緒上永遠長不大。她是這麼解釋這類現象的。一開始，新生兒或嬰兒絕對是很自私的生物，說得直接一點，他們根本就只是『需求與欲望的機器』。對嬰兒來說，他們的個人需求和欲望是最重要的，為了生存，他們非得吵鬧爭取不可。尤其到了兩歲大的時候，他們簡直就像天霸王，全世界都得照他們的命令行事。很不幸的是，很多人一直停留在這個『唯我獨尊』的階段，雖然外表看起來像個大人，但情緒上還只是個兩歲小孩，還是要這個世界都得滿足他們的需求與欲望。這些拒絕長大的人會變得越來越自私，越來越自我。他們會為生活築起一道高牆，只活在以自我為中心的世界裡。我的老婆還說，這些人的人生將充滿無比的寂寞與痛苦。」

李跟著舉了其他的例子，「我總是告訴年輕人，結婚的一個好處，就是提供小倆口一個成長的機會，藉著關心對方——也就是他們的配偶——的需求，他們可以學著放下過多的自我。而小孩的出生又是另一個成長的機會，藉著照顧小孩，處處為他們著想，他們可以進一步克服自己的自私心態。單身或是變老所要面臨的一場硬仗，就是要設法不讓自己變得太過自我中心。我覺得，自我中心的人可說是世界上最寂寞也最痛苦的人啊。」

金再次發言，「這是不是說，我們的自我、驕傲與自私是妨礙我們成長的最大障礙。在我剛才提到的史密斯的《人的宗教》一書中，曾經指出世界上所有的偉大宗教一致認為，自從人類被創造出來以後，最大的問題就出在人類自我中心的本性上，就出在驕傲和自私上。有些宗教把這個問題稱為『罪』（sin）。史密斯說，世界上的偉大宗教都在教導信徒如何克服自私的本性。」

李進一步說道，「我所信仰的宗教認為，人是受了詛咒才出生，這個詛咒就是原罪（original sin）。或許人類的自私本性就是所謂的原罪吧。我們昨天不是才討論過『何謂人性』嗎？我昨晚想了許久，我發現我的本性就是喜歡把自己擺在第一位，要我為別人著想根本有違我的本性。就像金所說的，為人著想是要養成紀律的，是要我們學會不符我們本性的事情。」

泰瑞莎也跟著說道，「我很喜歡的一個作家路易士（C. S. Lewis）曾經說過，否認自己自私的人可能就是最自私的人。他舉了一個例子來證明他的論點，他說當我們翻看著家庭照片的時候，『難道不是以我們看起來的好看與否，來評斷這張照片拍得好不好嗎？』」

「謝謝，妳說得真是太好了，」西面修士點頭讚道，「關愛別人、為人著想，以及威信式領導，都足以讓我們打破自我所築成的高牆，進而進入別人的世界。一旦我們放下自身的需求與欲望，處處為人著想，我們才能長大。我們會變得越來越不自我中心，變得越來越心存他人，變得越來越喜樂……」

泰瑞莎又引述別人的話說道，「著名的精神病學家梅寧格博士（Dr. Karl Menninger）曾被問到，對於精神狀態瀕臨崩潰的人有何建議。他建議他們離開家，越過鐵軌，隨便找個需要協助的人，然後伸出援手！」

「說得真是太實在了，」葛瑞說道，「助人為快樂之本啊！像我在每年年底都會開支票捐款給慈善機構，我之所以這麼做多多少少也是為了讓自己高興嘛。」

「謝謝你的坦白，葛瑞。」西面修士接著說道，「我想引述我很欣賞的哲學家史懷哲博士（Dr. Albert Schweitzer）曾說過的名言，給各位當個參考：『我不知道你會面對什麼樣的命運，但有件事我很肯定；真正快樂的人，必然是那些懂得奉獻的人。』說不定犧牲奉獻正是我們獲得生命恩典的必備條件呢。」

李又說道，「在《聖經》的〈約翰福音〉裡，耶穌訓勉門徒遵守祂所定下的命令，這樣就能得到祂所感受到喜樂。耶穌是這麼說的：『你們若遵守我的命令，你們會常生活在我的愛中。』（〈約翰福音〉十五章十節）耶穌很明白愛所帶來的喜樂。這裡的愛指的當然是動詞的愛，也就是為人著想的那種愛。」

「拜託，趁著牧師還沒端出盤子要我們捐獻之前，趕緊回到正題吧！」葛瑞開玩笑地笑著說道。

西面修士接著說道，「好吧，回到正題，葛瑞，威信式領導將可帶給領導人莫大的喜樂，而威信式領導也就是為別人奉獻，滿足他們的基本需求。而這樣的喜樂足以支持我們走完我們在地球的這一趟靈性之旅。我相信人生在世所追求的意義不見得是活得快樂或是實現自我，而是心理和靈性層次的成長。這是上帝的旨意。關愛、奉獻，以及為人設想，讓我們得以走出自我中心。關愛別人讓我們得以脫離可怕的兩歲心態，使我們變得更加成熟。」

「而這一切都從選擇開始，」葛瑞說道，「意圖減去行動等於空想。我們必須將所學付諸實踐，要是我們什麼都不做，情況是永遠不會改善的。」

「我還有個更好的說法，葛瑞，」泰瑞莎開玩笑地說道，『瘋子的定義就是永遠做一樣的事，卻妄想得到不一樣的結果！』。」

大家立刻哄堂大笑。

「終於到了結束的時刻，」西面修士頓時正經了起來，「這一個星期以來，我從各位身上學到很多，我很感謝各位在這次課程裡踴躍發言，提供了很多獨特而又有趣的看法。」

「您說的各位也包括我在內嗎？」葛瑞露出一副難以置信的表情。

「當然啊，葛瑞，其實我要特別謝謝你呢，」西面修士誠懇地答道，「最後，我衷心地期待各位，在未來的人生旅途上，或多或少用到一些我們在這次課程裡所學到的道理。短期來看，或許看不出什麼效果，但是長遠來說，你的人生一定會有很大的不同。祝各位好運，願上帝保佑你們未來的人生旅途！」

終曲

萬丈高樓平地起。

——中國古諺

在說再見之前，我們六位學員共進了最後的午餐。我的淚水不由得滑落。甚至連李和葛瑞都互相擁抱了起來，還大聲地道別。

葛瑞提議大家半年後再聚一次，立刻獲得了一致的同意。葛瑞自告奮勇當聯絡人負責通知大家聚會的日期和地點。沒想到當初最惹人嫌的傢伙，到了課程結束時，居然變了一個樣！

我這會兒豁然明白了，我之所以那麼討厭像葛瑞這樣的人，原因是出在他所擁有的特質其實在我身上也有啊，而且那還是我最討厭我自己的部分。可是，至少這些特質在葛瑞身上還比較明顯，因為他是個很坦白、很真誠的人。我在這個星期裡下了好幾個決心，其中一個就是要更真誠待人，不再帶著假面具。要懂得「謙卑」，我記得西面修士是這麼說的。

「我希望西面修士也能參加我們的聚會，」金建議，「你可一定要邀請他哦，葛瑞。」

「沒問題，包在我身上，」葛瑞一口答應，「有人看見西面嗎？我想跟他道別呢。」

我四下望了望，就是沒看到西面修士的蹤影！

我拿起行囊，離開房間，走到外頭的停車場，找了張長椅坐下來。我知道蕾秋就快到了。但是，我突然感到一陣莫名的焦慮。我想找到西面修士，跟他說聲再見。

於是我放下行囊，跑下通往密西根湖畔的階梯，我遠遠地就看到一個熟悉的身影，我不覺加快腳步還忙不迭地喊道：「西面！西面！」西面停下腳步，在他轉身之際，我也跑到了他身邊。

我們彼此擁抱，互道再見。

「西面，我真……真不知道該怎麼謝謝您……這一個星期以來對我的教導，」我急得略顯結巴，「我學到太多寶貴的道理，我希望回去之後能多少派上一些用場。」

西面修士深深地望著我，然後說道，「古代有個人叫做西魯斯（Syrus），他曾經說過，光學不練毫無助益。約翰，我對你有信心，我相信你一定可以做得很好的。」

他的眼神透露著對我的信心，我不禁充滿希望。

「但是西面，我應該怎麼開始呢？」

「就從選擇開始！」

我慢慢爬上兩百四十三級階梯，回到停車場旁的長椅坐下，背靠著行囊等候蕾秋到來。停車場裡的最後一輛車也開走了，四下望去，整座修道院顯得格外安靜蒼涼。湖面上吹起陣陣秋日微風，吹動我腳下乾枯的樹葉，窸窣作響。我深深地陷入沉思之中。

不曉得過了多久，遠方傳來駛近的車聲將我拉回了現實。我看到我們家那輛白色的福特越野車正爬上了兩線道的小徑，揚起一片塵沙。接著，這輛車開進了停車場。

我慢慢地起身，向不遠處的密西根湖望了最後一眼，眼淚同時流了下來。我下定決心，就從現在開始。

我聽到車門打開的聲音，我轉身一看，只見蕾秋笑著跑過來。這一刻，她看起來比以前還美。

她投入我的懷裡，我緊緊地擁住她，直到她鬆手放開為止。

「好奇怪哪，」她開玩笑地說，「好久以來都不是我先鬆手的呢，感覺很不錯哦！」

「這沒什麼！這不過是我未來新旅程的第一步！」我自豪地回答。

新商業周刊叢書　BW0371X

僕人I

修道院的領導啟示錄

作　　　者／詹姆士‧杭特（James C. Hunter）
譯　　　者／張沛文
責 任 編 輯／陳冠豪
版　　　權／吳亭儀、江欣瑜、顏慧儀、游晨瑋
行 銷 業 務／周佑潔、華華、林詩富、吳淑華、吳藝佳

總　編　輯／陳美靜
總　經　理／彭之琬
事業群總經理／黃淑貞
發　行　人／何飛鵬
法 律 顧 問／元禾法律事務所　王子文律師
出　　　版／商周出版　台北市南港區昆陽街16號4樓
電話：(02)2500-7008　傳真：(02)2500-7759
E-mail：bwp.service@cite.com.tw
Blog：http://bwp25007008.pixnet.net/blog
發　　　行／英屬蓋曼群島商家庭傳媒股份有限公司城邦分公司
台北市南港區昆陽街16號8樓
書虫客服服務專線：(02)2500-7718‧(02)2500-7719
24小時傳真服務：(02)2500-1990‧(02)2500-1991
服務時間：週一至週五09:30-12:00‧13:30-17L00
郵撥帳號：19863813　戶名：書虫股份有限公司
讀者服務信箱：service@readingclub.com.tw
歡迎光臨城邦讀書花園　網址：www.cite.com.tw
香港發行所／城邦（香港）出版集團有限公司
香港九龍九龍城土瓜灣道86號順聯工業大廈6樓A室
電話：(825)2508-6231　傳真：(852)2578-9337
E-mail：hkcite@biznetvigator.com
馬新發行所／城邦（馬新）出版集團【Cite (M) Sdn. Bhd.】
41, Jalan Radin Anum, Bandar Baru Sri Petaling,
57000 Kuala Lumpur, Malaysia.
電話：(603)9056-3833　傳真：(603)9057-6622
E-mail: services@cite.my

封 面 設 計／黃聖文、兒日設計　　內文排版／林婕瀅
印　　　刷／鴻霖印刷傳媒股份有限公司
經　銷　商／聯合發行股份有限公司　電話：(02)2917-8022　傳真：(02) 2911-0053
地址：新北市新店區寶橋路235巷6弄6號2樓

■ 2001年8月初版
2025年1月三版

定價／380元（紙本）
ISBN：978-626-390-406-4（紙本）

國家圖書館出版品預行編目(CIP)資料

僕人I：修道院的領導啟示錄/詹姆士‧杭特（James C. Hunter）著；張沛文譯. -- 初版. -- 臺北市：商周出版：英屬蓋曼群島商家庭傳媒股份有限公司城邦分公司發行, 民114.1
面；　公分. --（新商業周刊叢書；BW0371X）
譯自：The Servant
ISBN　978-626-390-406-4（平裝）
1. CST：領導　2. CST：通俗作品
541.776　　113019861

Printed in Taiwan
城邦讀書花園
www.cite.com.tw

商周出版

廣 告 回 函
北區郵政管理登記證
台北廣字第000791號
郵資已付，免貼郵票

115台北市南港區昆陽街 16 號 8 樓

英屬蓋曼群島商家庭傳媒股份有限公司

城邦分公司　收

請沿虛線對摺，謝謝！

商周出版

書號: BW0371X　　書名: 僕人I：修道院的領導啟示錄　　編碼:

請於此處用膠水黏貼

商周出版

讀者回函卡

謝謝您購買我們出版的書籍！請費心填寫此回函卡，我們將不定期寄上城邦集團最新的出版訊息。

姓名：＿＿＿＿＿＿＿＿＿＿＿＿＿＿＿＿　性別：□男　□女

生日：西元＿＿＿＿＿＿年＿＿＿＿＿＿月＿＿＿＿＿＿日

地址：＿＿＿＿＿＿＿＿＿＿＿＿＿＿＿＿＿＿＿＿＿＿＿＿

聯絡電話：＿＿＿＿＿＿＿＿＿＿＿＿ 傳真：＿＿＿＿＿＿＿＿＿＿＿＿

E-mail：＿＿＿＿＿＿＿＿＿＿＿＿＿＿＿＿＿＿＿＿＿＿＿＿

學歷：□1.小學 □2.國中 □3.高中 □4.大專 □5.研究所以上

職業：□1.學生 □2.軍公教 □3.服務 □4.金融 □5.製造 □6.資訊

□7.傳播 □8.自由業 □9.農漁牧 □10.家管 □11.退休

□12.其他＿＿＿＿＿＿＿＿＿＿＿＿＿＿＿＿＿＿＿＿

您從何種方式得知本書消息？

□1.書店 □2.網路 □3.報紙 □4.雜誌 □5.廣播 □6.電視

□7.親友推薦 □8.其他＿＿＿＿＿＿＿＿＿＿＿＿＿＿＿＿

您通常以何種方式購書？

□1.書店 □2.網路 □3.傳真訂購 □4.郵局劃撥 □5.其他＿＿＿＿

您喜歡閱讀哪些類別的書籍？

□1.財經商業 □2.自然科學 □3.歷史 □4.法律 □5.文學

□6.休閒旅遊 □7.小說 □8.人物傳記 □9.生活、勵志 □10.其他

對我們的建議：＿＿＿＿＿＿＿＿＿＿＿＿＿＿＿＿＿＿＿＿

＿＿＿＿＿＿＿＿＿＿＿＿＿＿＿＿＿＿＿＿

＿＿＿＿＿＿＿＿＿＿＿＿＿＿＿＿＿＿＿＿

＿＿＿＿＿＿＿＿＿＿＿＿＿＿＿＿＿＿＿＿

＿＿＿＿＿＿＿＿＿＿＿＿＿＿＿＿＿＿＿＿

請於此處用膠水黏貼